Jaldemir Vitório

A formação na Vida Religiosa Consagrada

Reflexões para uma pedagogia mistagógica

Dados Internacionais de Catalogação na Publicação (CIP)
Angélica Ilacqua CRB-8/7057

Vitório, Jaldemir
   A formação na vida religiosa consagrada : reflexões para uma pedagogia mistagógica / Jaldemir Vitório. - São Paulo : Paulinas, 2022.
   280 p. (Coleção Tendas)

   Bibliografia
   ISBN 978-65-5808-109-8

   1. Mistagogia 2. Igreja católica I. Título II. Série

22-0680   CDD 268.82

Índice para catálogo sistemático:

1. Mistagogia : Formação religiosa   268.82

1ª edição - 2022

Direção-geral:	*Flávia Reginatto*
Editora responsável:	*Fabíola Medeiros*
Copidesque:	*Ana Cecilia Mari*
Coordenação de revisão:	*Marina Mendonça*
Revisão:	*Sandra Sinzato*
Gerente de produção:	*Felício Calegaro Neto*
Capa e diagramação:	*Sandra Regina Santana*

Nenhuma parte desta obra poderá ser reproduzida ou transmitida por qualquer forma e/ou quaisquer meios (eletrônico ou mecânico, incluindo fotocópia e gravação) ou arquivada em qualquer sistema ou banco de dados sem permissão escrita da Editora. Direitos reservados.

Paulinas

Rua Dona Inácia Uchoa, 62
04110-020 – São Paulo – SP (Brasil)
Tel.: (11) 2125-3500
http://www.paulinas.com.br – editora@paulinas.com.br
Telemarketing e SAC: 0800-7010081

© Pia Sociedade Filhas de São Paulo – São Paulo, 2022

Aos religiosos que acreditam na relevância evangélica
da Vida Religiosa Consagrada;
dedicam-se com sinceridade
à formação das novas gerações;
respondem ao chamado para o serviço
dos empobrecidos e marginalizados;
e se dispõem a ser profetas,
nos passos de Jesus de Nazaré.

Sumário

Introdução 9

I. Vida Religiosa Consagrada: identidade e pressupostos 19

II. Um olhar mistagógico para a formação 35
   1. A palavra-metáfora formação: suas conotações 35
   2. Pressupostos da formação 37
   3. A formação como mistagogia 42
   4. O componente congregacional 45
   5. A formação e seus múltiplos contextos 47
   6. A formação como processo 57
   7. A metodologia do processo formativo 63
   8. A meta do processo formativo 65
   9. Atitudes resultantes do processo formativo mistagógico 68

III. Formadores mistagogos: a participação na obra de Deus 73
   1. Pinceladas sobre a realidade 73
   2. O perfil mistagógico do formador 75
   3. Ser formador em tempos de aceleradas transições 76
   4. Delineando a figura do formador 81
   5. Formador: um religioso em processo de formação 88
   6. Ser formador: um dom, uma arte 90
   7. Ser formador: missão de todo religioso 94

IV. O formador mistagogo no trato com os formandos 97

1. O "material humano" a ser trabalhado 97
2. Personalizando a formação 105
3. Posturas a cultivar 110
4. Posturas a evitar 119
5. O projeto cristão apresentado com fidelidade 127
6. Como enfrentar os casos difíceis e complicados 132
7. O acompanhamento dos formandos "especiais" 137

V. O formador mistagogo na mira dos formandos 141

1. Os formadores avaliados pelos formandos 141
2. A abertura para se deixar questionar 144
3. Atitudes positivas dos formandos 145
4. Atitudes negativas dos formandos 150
5. Os referenciais inspiradores 154
6. Formandos formadores 157

VI. A transparência na formação mistagógica 161

1. Transparência: o que é? 162
2. Um caminho de muitas mãos 164
3. A transparência processual 171
4. A transparência condicionada 174
5. Os níveis da transparência 176
6. A transparência libertadora 179
7. A transparência mistagógico-missionária 180

VII. A equipe de formação mistagógica 183

1. Qualificação dos membros 184
2. Número de membros 185
3. Recomposição 186
4. Estabilidade 187
5. Diversidade 188
6. Relações internas 190

7. Acompanhar a caminhada dos formandos:
   tarefa fundamental...195
8. Superiores maiores e equipes de formação 199

VIII. Formação mistagógica no mundo digital 201
  1. VRC na era da comunicação e da informação..........................203
  2. Mundo digital e a formação 207
  3. Formar para um novo Pentecostes 218

IX. Ossos do ofício de um formador mistagogo 223
  1. Imagem pública dos religiosos 223
  2. Dar e receber informações...228
  3. Heterossexualidade – homossexualidade................................234
  4. Recurso à psicoterapia...238
  5. Vocação de adultos...242
  6. "Figurinhas carimbadas" 245
  7. Egressos de outras congregações 248
  8. Acompanhamento das junioristas..252
  9. Aspirantado e postulantado: duas etapas fundamentais 256

X. Internalização de um modo de proceder mistagógico 261

XI. Colhendo os frutos da formação mistagógica..........................271

Conclusão 277

Introdução

O momento atual das congregações religiosas, mesmo numa avaliação superficial, mostra-se pouco favorável para o cultivo de esperanças. As vocações rareiam. O índice de perseverança das novas vocações tira o sono de muitas equipes de formação. As novas gerações têm dificuldade de se adaptar às estruturas anacrônicas das comunidades religiosas, bem como de se inserir nas obras apostólicas e nas frentes missionárias, onde correm o risco de encontrar veteranos e veteranas pouco dispostos a abrir espaço para quem chega. Por outro lado, os horizontes cultural, religioso, ideológico e mesmo moral dos que são acolhidos nas casas de formação podem ser muito distintos daqueles dos formadores.

Outro cenário que se descortinou nas últimas décadas, em geral, como desdobramento do pentecostalismo católico, aponta para as novas comunidades de vida, masculinas e femininas, ligadas a pessoas convencidas de possuírem o "carisma de fundadores". Ao mesmo tempo que existem pontos de convergência com a Vida Religiosa Consagrada (VRC) tradicional, como seriam a vida comunitária e de oração, os votos, a missão e outros elementos, podem também ser detectados pontos de divergência. O mais relevante diz respeito ao campo da eclesialidade. As novas comunidades tendem a girar em torno dos movimentos de onde se originam, numa espécie de dinâmica centrípeta. As congregações religiosas, apesar dos pesares, optam pelo serviço da Igreja e se dispõem a estar onde mais se necessita de sua presença, no que deveria ser uma dinâmica evangelicamente centrífuga. Contudo, o nível de eclesialidade de muitas comunidades religiosas revela-se baixo, apesar das aparências. Esse modo de proceder destoa do carisma da VRC, chamada à inserção na vida da Igreja, nos mais diferentes cenários, na condição de colaboradora na ação evangelizadora.

O confronto da VRC apostólica com as novas comunidades revela um evidente contraste. Uma tem demasiadas estruturas, a outra é mais leve e dinâmica. Uma mostra-se pouco atrativa para as juventudes, a outra é talhada para elas, com pouquíssimo espaço para pessoas de mais idade. Uma parece conformada com as coisas que faz, sem dar mostras de querer avançar, por lhe faltar ousadia, a outra tem espírito guerreiro e vai sem medo onde estão as pessoas que precisam ouvir a mensagem do Evangelho, do mundo universitário aos moradores de rua, tentando falar a linguagem deles. Uma trabalha com o ideal de perpetuidade e definitividade, a outra vai se adaptando aos apelos do Espírito. Uma não se deu conta de estarmos na era da comunicação, a outra transita pela mídia como se estivesse em casa. Se uma usa tanques pesados, a outra opera mísseis teleguiados. Esses poucos indicadores bastam para explicar por que muitos, especialmente jovens, batem nas portas das novas comunidades e são acolhidos, ao passo que muitas casas de formação da VRC estão às traças ou a um triz de serem fechadas.

Sendo assim, uma questão desponta de imediato: por que perder tempo com um livro sobre a pedagogia da formação na VRC tradicional, nesses tempos bicudos, no tocante às novas vocações? Se são escassas as vocações, para que serve um livro sobre pedagogia da formação? São vários os motivos para justificá-lo. O inverso vocacional que se abateu sobre a VRC, de maneira alguma põe em xeque o mérito eclesial e missionário desse carisma, e sim coloca em evidência os caminhos enviesados pelos quais os religiosos e suas congregações estão transitando, com a consequência previsível de afastá-los do Evangelho. Se nós, religiosos e religiosas, ainda não fomos capazes de nos colocar num processo decidido de refundação, anseio do Concílio Vaticano II e seu apelo ao *aggiornamento*, a tarefa continua de pé. Por outro lado, o serviço aos pobres e marginalizados, nas muitas periferias do mundo, está na base da identidade da VRC apostólica. Os primeiros prejudicados com a perda de vigor comunitário e missionário das comunidades religiosas e das congregações são os preferidos de Jesus: os esquecidos da nossa sociedade e da Igreja. Nosso descompasso com o sentido da consagração salta-nos aos olhos, embora instados pelo Espírito a retomarmos o bom caminho. Está em nossas mãos relançar, profeticamente, nosso carisma, com a beleza e o mérito que o revestem. Se o fizermos, estaremos em condições de propor a muitas pessoas ousadas e generosas o projeto de vida de nossas congregações como opção sensata onde investir o melhor de seus dons, como caminho de humanização e de realização pessoal. Este livro, então, poderá ser uma ferramenta útil para a formação de quem está dando os primeiros passos entre nós.

Entrementes, quem bate em nossas portas e é acolhido nas casas de formação tem o direito de ser respeitado em seu ideal de crescer na vocação à qual respondeu, assim como de ser ajudado da melhor maneira possível, com a pedagogia mais conveniente. Este livro tem a pretensão de ser útil para os formadores nos tempos em que devemos manter acesa a chama do nosso ideal, como incentivo para esperar contra toda esperança. Trata-se da partilha despretensiosa de algumas pistas que podem estimular o processo formativo na VRC a se tornar uma autêntica mistagogia, um caminho para Deus e seu mistério insondável. E, com ela, para o interior de nós mesmos, reflexos do mistério divino, para os irmãos e irmãs de comunidade, com quem compartilhamos um projeto de vida e de missão, para os muitos irmãos e irmãs a quem somos enviados, mormente, os caídos pelo caminho, para quem devemos ser os bons samaritanos. A mistagogia nos coloca, também, a caminho do mistério do Criador presente na criação, cuja sustentabilidade tornou-se um ponto de pauta na agenda da humanidade.

Quem adentra nossas casas de formação, após um processo de discernimento vocacional e o reconhecimento da autenticidade do chamado, jamais poderá tornar-se uma marionete nas mãos de formadores despreparados, tampouco, ser tratado como *avis rara*, em meio a personalidades exóticas e desajustadas.

A pedagogia da formação supõe das comunidades um enorme esforço de se abrirem para acolher quem chega para compor o corpo apostólico da congregação. Portanto, as comunidades religiosas são desafiadas a se submeterem a um processo de discernimento vocacional, questionando-se pela fidelidade ao amor primeiro, com o desejo de criarem um espaço "gostoso" de convivência, de partilha e de solidariedade, características de quem se deixou encantar por Deus e, na força do seu Espírito, partilha a vocação batismal e se alegra com a chegada de novos companheiros e companheiras de jornada. E, mais, ajuda-os a se inserirem na "família espiritual" à qual se sentem chamados.

As reflexões aqui apresentadas correspondem à partilha das intuições que me foram ocorrendo ao longo de muitos anos de engajamento na tarefa de formador de religiosos e de seminaristas. Quiçá possam ser úteis para quem recebeu a missão de acompanhar os formandos de suas congregações. Essas reflexões devem ser, continuamente, aprofundadas e reformuladas, considerando tratar-se de percepções referentes a seres humanos, em contextos que evoluem fora de qualquer controle. Cada leitor saberá aplicar à própria situação as ideias aqui compartidas e dar um passo adiante, de modo a fazer a reflexão progredir.

Portanto, aconselha-se a não absolutizar as afirmações encontradas no decorrer da leitura, por não terem o intuito de ser a última palavra sobre nenhum dos temas aqui abordados. São ideias lançadas para serem rastreadas por quem se embrenhou nesse emaranhado chamado "formação da VRC". Está fora do propósito desta obra gerar celeuma em torno de alguma afirmação ou pensamento inusitado. Deseja-se, sim, criar espaço para que os ingredientes da formação sejam discutidos com honestidade e transparência, tendo o Reino como horizonte. Quanto mais acertarmos numa pedagogia mistagógica que promova a transfiguração de quem optou pelo carisma da consagração na vida religiosa, tanto mais estaremos colaborando para o advento de comunidades e congregações mais sintonizadas com o Mestre Jesus, que conta conosco na condição de servidores e servidoras dos mais pobres, seus preferidos.

Haverá leitores que, talvez, considerarão um tanto irrealistas algumas de nossas reflexões. Pense-se no tópico referente às equipes de formação. A pobreza de membros mal permite algumas congregações garantirem uma presença mínima de formadores nos vários estágios da formação, às vezes, devendo a mesma pessoa encarregar-se, simultaneamente, de distintas etapas. Longe de provocar desânimo ou frustração, espera-se que reforcem o ideal da consagração e deem o melhor de si para superar as turbulências que nosso carisma enfrenta, na certeza de que o Senhor continua a chamar pessoas generosas para o serviço da messe, que cresce sem cessar, sempre carente de novos operários. Importa sabermos apresentar nosso carisma congregacional como caminho possível e sermos testemunhos da consagração vivida com radicalidade, a ponto de encantar outras pessoas e motivá-las a fazerem uma opção de vida semelhante à nossa.

Com certeza, muitos gostariam de ver as afirmações ilustradas com casos concretos. A opção por evitar exemplificações deveu-se ao esforço de não sobrecarregar o texto. Todavia, cada afirmação tem o respaldo de vivências, ficando de lado as teorizações. Estou seguro de que a leitura evocará no coração e na mente dos leitores histórias pessoais do tempo de sua formação e enquanto formadores. Bom seria se os ajudasse a compreendê-las mais profundamente e descortinasse novos rumos a serem dados ao mister de formador. Em todo caso, tudo quanto se dirá partirá da vida e voltará para a vida. O círculo que vai da experiência e volta para a experiência, à luz da fé e do desejo de servir, permitirá aos formadores crescerem na consciência da grandeza da missão que lhes cabe. E os motivará a assumi-la com maior ânimo e generosidade.

A pedagogia aqui contemplada diz respeito, apenas, à relação formador-formando. A tarefa da formação, porém, comporta outros percursos pedagógicos a serem devidamente formalizados e valorizados. Exige-se pedagogia para a introdução dos formandos na prática da oração, da vida comunitária, na missão, no corpo apostólico congregacional, na formação acadêmica e profissional, e outros âmbitos. Como se pode constatar, a semântica do termo pedagogia, aqui, está bem delimitada. E a reflexão se manterá nesses trilhos!

Ainda que esta obra possa ser lida individualmente, espera-se que se torne geradora de pautas para serem maturadas e aprofundadas no diálogo entre formadores. A troca de experiências, inclusive entre formadores de distintas congregações, com suas trajetórias peculiares, poderá proporcionar novas luzes a iluminar os atalhos e as veredas de quem se vê de braços com o encargo de ajudar as novas gerações de religiosos e religiosas a darem os primeiros passos na caminhada congregacional.

Os leitores implícitos desta obra são os formadores da VRC apostólica, às voltas com os formandos e suas problemáticas específicas. Todavia, os formadores de seminaristas diocesanos, com as devidas adaptações, poderão beneficiar-se com o conteúdo aqui compartilhado. Afinal, a realidade da formação na VRC tem muitos pontos de contato com a formação nos seminários diocesanos.

Mirando um pouco além, entrevê-se que esta obra poderá, de igual modo, ser de grande valia para provinciais e superiores maiores, responsáveis últimos pelas decisões a serem tomadas no campo da formação dos membros de suas congregações. Encaminhamentos equivocados, feitos pelos superiores, bem como a condução precipitada de processos formativos têm efeitos a longo prazo, tanto na vida dos formandos quanto no corpo apostólico congregacional. O acerto nas decisões, todavia, depende do conhecimento dos meandros do processo formativo e da pedagogia para conduzi-lo.

Um ponto de atrito constante nas congregações toca as relações entre as equipes de formação e os superiores maiores. Os desentrosamentos são recorrentes, tornando-se foco de desânimo e desmotivação por parte dos formadores, abrindo brecha para desvios de conduta dos formandos. O interesse e o conhecimento dos superiores, em relação à pedagogia da formação, poderão prevenir uma série de transtornos altamente prejudiciais para todos os implicados na tarefa de formar as novas gerações das congregações.

Este livro poderá colaborar para a construção de consensos pedagógicos por parte dos que são incumbidos de colaborar com os formandos na exigente caminhada para Deus, em comunhão de vida e de missão com tantos irmãos e irmãs.

Optei pela linguagem não inclusiva para facilitar a leitura. No entanto, tive sempre em mente formadores e formadoras, formandos e formandas, religiosos e religiosas. Peço, de modo especial, às leitoras a gentileza de fazerem as devidas transposições no decorrer da leitura. Com raríssimas exceções, a vertente masculina da VRC foi privilegiada, apesar do uso continuado do masculino. A parceria de longos anos com as religiosas permitiu-me fazer uma parcela considerável das reflexões aqui desenvolvidas.

Os leitores antenados perceberão a semelhança desta obra com a que publiquei há algum tempo.[1] E terão acertado! Este texto resulta da reescrita integral do texto anterior, da atualização do conteúdo, bem como da inserção de um capítulo novo, referente à candente questão das implicações do mundo digital no âmbito da formação das novas gerações de consagrados.

---

[1] *A pedagogia na formação: reflexões para formadores na vida religiosa*. São Paulo: Paulinas, 2008.

I VIDA RELIGIOSA CONSAGRADA: IDENTIDADE E PRESSUPOSTOS

A ação formativa depende de uma correta concepção de VRC por parte de seus agentes, de modo a poupar os formandos de serem confrontados com ideias arcaicas, irrealistas ou demasiadamente críticas. Num passado recente, foi entendida como "caminho de perfeição", "testemunho do Absoluto", "escolha da melhor parte", focando no que tem de sublime. Chegou-se ao ponto de referir-lhe com exclusividade certas passagens evangélicas, como se Jesus e os evangelistas tivessem se reportado diretamente aos religiosos. Numa postura mais crítica, em consonância com os apelos do Espírito para a Igreja latino-americana, a VRC foi entendida como "sal da terra", "luz do mundo" e "fermento na massa", a ponto de se multiplicarem as comunidades de inserção nos meios populares e os conventos, pouco a pouco, se esvaziarem, também, pela acelerada diminuição dos quadros das congregações religiosas.

A VRC é "um" caminho para Deus, entre tantos outros, cada qual com suas especificidades e exigências peculiares. Todos eles são vias igualmente valiosas na caminhada para Deus. Ao abraçar a VRC, escolhe-se "um" caminho e não "o" caminho. E esse se torna "meu" caminho, "o" caminho para mim, sem desmerecer os demais.

A VRC situa-se no âmbito de uma dinâmica existencial, com seus pressupostos. Enraíza-se na condição humana, base e princípio de tudo. Num processo continuado de amadurecimento, a pessoa estará em condições de optar por esse projeto de vida. Reduzida à pura vertente congregacional e jurídica, ela se empobrece. O ingresso na VRC possibilita ao religioso levar adiante um processo gradativo e dinâmico de amadurecimento, construído passo a passo, em cada etapa, a partir da formação inicial. Torná-la estática e monolítica corresponde a extinguir o fogo do Espírito que traz dentro de si. Cada congregação, considerando seu carisma, espiritualidade e missão na Igreja, vê-se desafiada a formular um projeto de formação que abranja todo o percurso de vida do religioso, em que se apresente, claramente, a meta a ser alcançada, bem como as pistas para atingi-la.

A opção pela VRC engloba as dimensões humana e cristã, em mútua dependência, dando origem a uma terceira dimensão, ao fundi-las com o carisma encarnado nos projetos congregacionais. O religioso reveste-se da humanidade do Cristo, nos moldes da espiritualidade e da missão de uma congregação, de modo a assumir uma postura singular, na Igreja e na sociedade. Em outras palavras, o religioso é um cristão profundamente humanizado que opta por colocar em comum, com outros cristãos, sua fé e sua missão, e se pautar por uma proposta congregacional, correspondente ao carisma de um fundador ou uma fundadora, que o possibilite dar passos significativos no caminho para Deus.

Os elementos peculiares da VRC possibilitam ao religioso ser sempre mais humano e viver a fé cristã com radicalidade, como serviço misericordioso ao próximo. Quanto mais integradas forem as dimensões, tanto mais esse carisma eclesial favorecerá a realização pessoal de seus membros e cumprirá seu papel na Igreja e na sociedade.

a) A *dimensão humana* está na base. Nela a pessoa integra os componentes sociais, psicológicos, afetivos, sexuais, morais, religiosos e intelectuais de sua personalidade, e supera a fragmentação, os reducionismos e o vazio existencial. Trata-se de um tesouro a ser comunicado de pessoa a pessoa, de geração a geração, não bastando, apenas, ter um corpo e uma existência semelhante aos dos animais. Cada indivíduo carece de ser ensinado, desde a mais tenra infância, a respeitar o próximo, a controlar seus impulsos e paixões, a assimilar padrões de comportamento ético-morais, a elaborar uma escala de valores onde a verdade, a honradez, a honestidade, a gratidão, a urbanidade, o direito, a justiça e virtudes afins tenham primazia. Deve aprender o valor do trabalho, da solidariedade e da partilha. E, também, a reconhecer a presença do sagrado e da transcendência em sua vida, a desenvolver suas aptidões para a arte e a cultura e a apurar a sensibilidade estética. O senso crítico aprende-se no âmbito sociofamiliar, a partir dos valores aí veiculados. Uma vez assimilados, a pessoa estará em condições de avaliar, de maneira madura e lúcida, fatos, ideologias e mentalidades.

Humanidade tem a ver com oblatividade. Quanto mais oblatividade, tanto mais humanidade. Quanto mais egoísmo, autocentramento e autorreferencialidade, menos humanidade. A capacidade de sair de si e se colocar a serviço dos demais serve de critério para avaliar a consistência da dinâmica de humanização. Ser oblativo é ser-para-os-outros; é doar e se doar, e entregar a vida em favor do próximo. O grau de humanização de uma pessoa se mede pelo modo como ela trata o semelhante. Sempre haverá a possibilidade de dar novos passos e ser criativo na vivência da misericórdia, da reconciliação e do amor serviçal.

O ingresso na VRC pressupõe do candidato um consistente patamar de humanidade, a ser sempre mais incrementada ao longo da formação e da caminhada. Longe de se pensar em pessoas perfeitas e acabadas, realidade utópica, pensa-se em pessoas dispostas a superar seus limites e dar sempre novos passos, com os olhos fixos em Deus. Com tal pressuposto, espera-se do religioso provecto um grau de humanização, de oblatividade, superior ao de um postulante ou jovem professo. A existência de religiosos maduros em idade cronológica, porém, autocentrados e desprovidos de misericórdia deve-se considerar um contrassenso. Afinal, a decisão pela VRC, com seu excelente potencial de humanização, implica lançar-se de corpo e alma numa dinâmica de saída de si e de busca do próximo, com generosidade e radicalidade. Todas as suas estruturas apontam nessa direção. Por conseguinte, ser religioso e se recusar a crescer em humanidade constituem-se num fenômeno inexplicável. Pura insensatez!

Os valores da humanização são herdados, assimilados e transmitidos, em primeiro lugar, na convivência familiar e no ambiente social. Mesmo descartando um tipo de determinismo social, pelo qual uma pessoa nascida de boa família será de boa índole e quem cresce em ambiente de pobreza e de violência está fadado a tornar-se um marginal, é imperioso reconhecer a importância da família e do contexto social no processo de humanização. A pessoa cujo nascimento foi preparado com alegria e, ao vir à luz, recebeu carinho e afeto, tem mais possibilidade de crescer em humanidade do que o rejeitado ainda no ventre materno ou que correu o risco de ser abortado; nasceu em meio a conflitos; não conheceu o carinho materno ou paterno e recebeu maus-tratos desde pequeno. O afeto recebido em contexto familiar pode-se comparar com a água com que se rega uma plantinha. A falta de afeto para um ser humano assemelha-se à falta de água para as plantas. O raquitismo psicoafetivo será claramente perceptível nas ações e nas reações da pessoa mal-amada, em seu mau humor, pessimismo, excesso de criticidade, carência desmesurada de afeto e de reconhecimento. Encontrando-se com religiosos sempre de mal com a vida, fechados em seu mundo e incapazes do menor gesto de solidariedade, recomenda-se questioná-los sobre as suas bases humanas. Com grande probabilidade, são precariamente humanos, donde a insistente tendência a se colocarem na contramão de tudo e de todos, a se fazerem de vítimas, a se fecharem em seu mundinho, atitudes próprias de personalidades infantis, bloqueadas e imaturas.

A grande maioria dos problemas que afetam em cheio a VRC situa-se aqui. Pessoas com pouco cabedal de humanidade, quando aceitas na VRC, tendem a criar em torno de si um ambiente de desumanização. Caso cheguem a ter nas mãos o poder e se considerem autoridades, tornam-se tiranas insuportáveis, tremendamente despóticas. Por não terem sido amadas e valorizadas, quando vieram ao mundo, tendem a não amar e a não valorizar as pessoas a seu redor. Eis o calcanhar de Aquiles da VRC!

Torna-se complicado fazer religiosos provectos passarem por um processo de humanização, quando esse não começou ainda em família. Suas estruturas mais profundas estão de tal forma deformadas, a ponto de inviabilizar qualquer tentativa de lhes dar uma nova impostação. Como ensinar a ser gentil e agradecido a quem passou a vida pisando nos outros, sem jamais se deixar mover pela gratidão? Como inculcar o valor do trabalho e da colaboração a quem sempre foi preguiçoso e viveu na ociosidade, às custas do trabalho alheio? Como tornar aberto para a misericórdia e o perdão quem insistentemente cultivou no coração o ódio e o desejo de vingança? Como exigir trabalhar em equipe quem se acostumou a se julgar senhor e sentir prazer em mandar e dominar? Sem um processo de conversão, no sentido forte da metanoia evangélica, qualquer tentativa de humanizar personalidades fossilizadas ficará inviabilizada. Donde a necessidade de cuidar para não acolher na VRC pessoas cuja desumanização, dificilmente, poderá ser revertida, ou que sejam bloqueadas, com baixa autoestima ou traumatizadas, para além de qualquer esperança de reversão desses quadros.

O nível de humanização dos candidatos à VRC – sua oblatividade – deve ser devidamente avaliado, antes de serem inseridos na dinâmica da formação. Se não trazem consigo certa bagagem de maturidade ou não se dispõem a se abrir para se deixarem ajudar, com perspectivas de resultados convincentes, a prudência aconselha fechar-lhes as portas da congregação. Com grande probabilidade, serão religiosos problemáticos e complicados, motivo de muitos transtornos nas comunidades de formação e, caso permaneçam, haverão de criar encrencas por onde passarem. Basta verificar a baixíssima qualidade de vida de muitas comunidades religiosas para se dar conta de que, na origem dos conflitos e dos desentendimentos, estão religiosos desumanizados e, por consequência, desumanizadores. Quando acontece de os membros da uma comunidade reforçarem a dimensão humana, o resultado será uma notável melhora na qualidade das relações entre eles.

Um grande desafio consiste em convencer os religiosos desumanizados da necessidade de se trabalharem, recorrendo à psicoterapia ou outros métodos, em vista de superarem seus bloqueios e as marcas do passado. Em geral, são recalcitrantes quando confrontados com a necessidade de recorrerem a ajuda especializada. Assim, perdem uma excelente oportunidade de se libertar, de crescer e de viver a VRC de maneira saudável e realizadora. E continuarão a ser um fardo pesado para os irmãos de comunidade e para a congregação!

b) A *dimensão cristã* corresponde a um desdobramento da dimensão humana e consiste na vivência do *humanum* nos passos de Jesus de Nazaré. Tornar-se discípulo do Reino significa abraçar o projeto de vida dele, com seu estilo peculiar. Em outras palavras, ser cristão consiste em ser humano como Jesus; pautar-se pelos mesmos princípios que foram os dele e configurar a própria existência inspirando-se nele. O único pré-requisito será possuir uma sólida base humana, a ser configurada com os elementos oferecidos pela fé batismal e seus componentes evangélicos. Por isso, o Batismo só deveria ser ministrado a quem possuísse um mínimo de humanidade, sobre a qual o projeto cristão se constrói. Lamentavelmente, muitos batizados jamais estarão em condições de se tornar autênticos cristãos. Pode esperar ser chamado de cristão quem tem o coração fechado para o perdão e a misericórdia? Ou, então, não reconhece o valor da solidariedade, da partilha; mostra-se insensível ao se defrontar com a dor e o sofrimento dos empobrecidos e injustiçados; vive uma fé individualista, feita de devocionalismos e práticas religiosas sem profundidade?

A concessão do Batismo de maneira indiscriminada, como costuma acontecer, só se justifica numa Igreja e numa sociedade onde a fé cristã foi transformada em pura religião (cristianismo), descolada do Evangelho e do seguimento de Jesus. Batiza-se por tradição, sem referência consistente ao Mestre de Nazaré. O resultado se percebe tanto em termos eclesiais quanto sociais. Muitos batizados e membros de igrejas que se consideram cristãs estão na origem da corrupção e da injustiça que assolam nosso país, incapazes de perceber a radical incompatibilidade entre o que fazem e a dinâmica da fé. E, quando se trata de membros de ordens e congregações religiosas, de quem se esperaria maturidade na fé?

O modo de proceder evangélico – *ethos* cristão – não se articula em torno de práticas reservadas, com exclusividade, para os discípulos de Jesus de Nazaré. Os cristãos podem agir como o fazem muitos não cristãos e, até mesmo, ateus. A originalidade do agir dos discípulos do Reino está no sentido dado às suas ações. Tudo quanto fazem acontece sob a égide do Deus revelado pelo Filho Jesus, com o rosto de Deus Trindade. Os cristãos reconhecem-se filhos e filhas de Deus e, por conseguinte, irmãos e irmãs, membros da grande família da qual Deus é Pai e Mãe.

Jesus Cristo – o "Verbo de Deus que armou a sua tenda no meio de nós" (Jo 1,14) – assume a condição de irmão maior. Seu mistério pascal – encarnação, vida, morte e ressurreição – trouxe salvação para a humanidade, transviada nos caminhos do egoísmo e da violência. O cristão reconhece o Espírito Santo como dinamizador de sua existência, movendo-o sempre para o bem e a solidariedade, para a justiça e a reconciliação entre todos os povos.

As virtudes teologais – fé, esperança e caridade – são o eixo do agir cristão. A *fé* confronta o discípulo do Reino com o Deus Trindade e sua infinita misericórdia, inserindo-o no diálogo com o Outro e movendo-o a sair de si mesmo e a ultrapassar os limites terrenos e históricos das relações humanas. A *esperança* projeta-o para o futuro e lhe descortina a expectativa da vida eterna de comunhão com o Pai e com os irmãos. A *caridade* leva-o a estabelecer com o próximo relações de fraternidade, fundadas na misericórdia, na justiça, no respeito, no cuidado e no reconhecimento de sua dignidade de filho e filha de Deus. A caridade (*ágape*) vai além da simples filantropia e do humanitarismo, por considerar o serviço ao próximo como mediação da experiência do Deus cristão e critério de salvação.

A vocação cristã funda-se numa opção pessoal pelo Reino de Deus, revelado por Jesus Cristo – "eu creio" –, e seu desdobramento numa vivência eclesial-comunitária – "nós cremos". O Batismo sela o compromisso cristão e, com ele, insere o batizado na Igreja, a grande comunidade dos discípulos e discípulas do Reino. Quando falta a expressão eclesial, o Batismo não se configura como sacramento. Porém, uma comunidade eclesial, cujos membros desconhecem as implicações éticas do compromisso com Jesus e com o Reino, poderá ser considerada cristã?

O passo da fé demanda dos batizados o esforço de serem humanos como Jesus. As catequeses evangélicas apresentam, de corpo inteiro, sua humanidade, a ser contemplada e assimilada como primeiro passo para o conhecimento de Jesus e seu consequente seguimento. Ninguém segue um Jesus abstrato, idealizado e distanciado de sua realidade. E sim o Jesus caminheiro das estradas da Palestina, cujo testemunho de humanidade atraiu multidões, desejosas de um estilo de vida alternativo. Seu humanismo teve como espinha dorsal o "amor mútuo", indicativo da condição de discípulo, apresentado como "novo mandamento", sinal distintivo de quem o segue: "Nisto todos saberão que sois meus discípulos, se vos amardes uns aos outros" (Jo 13,35). O amor configura-se como caminho excelente de humanização, quando se segue os passos de Jesus. "Este é o meu mandamento: amai-vos uns aos outros como eu vos amei" (Jo 15,12). Sem amor não existe humanização. Entretanto, no amor ensinado e praticado por Jesus de Nazaré, a humanização atinge o seu cume. "Ninguém tem maior amor do que aquele que dá a vida por seus amigos" (Jo 15,13) resume sua caminhada, consumada na morte de cruz.

A precária formação para a vivência da fé oferecida pela catequese obriga os formadores a verificarem, nas etapas iniciais do processo formativo, a consistência e a profundidade da dimensão cristã dos candidatos à VRC. E, a partir daí, estabelecerem um programa de formação catequético-mistagógico, combinado com a busca de autenticidade na prática dos valores evangélicos. De nada vale catequese sem prática! Todavia, a prática carece de fundamentação teológica e espiritual para se evitar, a longo prazo, crises e desilusões. O conhecimento deficiente do projeto cristão pode ter como efeito o seguimento de um falso Jesus Cristo, modelado segundo interesses pessoais mesquinhos, muito distantes do Jesus dos Evangelhos e de sua clara premissa de conversão e de adesão ao Reino de Deus.

Desaconselha-se receber na VRC indivíduos com deficiências graves ou insolúveis no âmbito da fé. Correrão o risco de estar sempre na contramão desse ideal de vida, por remarem na direção contrária do projeto de Jesus de Nazaré. Seu contratestemunho provocará sérias tensões comunitárias e pastorais, com reflexos indesejáveis sobre quem vive com sinceridade o ideal que abraçou. Ser cristãmente deficitário corresponde a não compreender o valor de um estilo de vida saudavelmente evangélico, fundado no amor ao próximo e no serviço misericordioso aos pobres e injustiçados, por causa do Reino, nas pegadas do Mestre Jesus. Tudo isso vivido como corpo apostólico congregacional, com seu carisma peculiar.

c) *A VRC* corresponde a uma forma peculiar de viver a dimensão humana e a dimensão cristã. Consiste na prática do Batismo, como projeto de vida comunitária e missionária, a partir do compromisso público e formal assumido com uma congregação religiosa, através dos votos de pobreza, castidade e obediência, com um específico programa de vida e de engajamento na Igreja e na sociedade. O projeto de VRC insere o religioso numa comunidade de fé e de missão. Criam-se, entre seus membros, profundos vínculos humanos e espirituais, a ponto de configurá-los como família de irmãos e de irmãs.

A sublimidade da VRC, portanto, consiste na prática dos valores humanos e cristãos, compartilhando anseios e aspirações, através de ações concretas de serviço ao Reino, de gestos de partilha e perdão e da vivência incansável do amor misericordioso. Tudo isso em decorrência do Evangelho, continuamente meditado, em vista da assimilação do testemunho do Mestre Jesus, a ser acolhido como ideal de vida.

Quem é recebido na VRC deve se dispor a vivê-la nessa perspectiva. Pessoas com deficiências humanas e cristãs insuperáveis dificilmente se deixarão tocar pelo que esse carisma eclesial tem a oferecer. Será grande o risco de a VRC nelas tornar-se infrutífera, por não encontrar o terreno propício para se desabrochar e revelar o potencial de humanização e de cristificação.

A VRC, em suas múltiplas configurações, caracteriza-se por ser carismática e profética. A dimensão carismática aponta para a ação do Espírito Santo no coração dos fundadores e das fundadoras, movendo-os a responder com iniciativas concretas e originais os desafios da Igreja e da sociedade de cada época, de modo particular, em contextos de crise e de desumanidade. A experiência dos fundadores torna-se o marco referencial de cada congregação. Será preciso remeter-se a ela sempre de novo, sob pena de incorrer em infidelidade ao Espírito, na eventualidade de deixá-la cair no esquecimento. O movimento de volta ao passado carismático nada tem de saudosismo ou conservadorismo. Consistirá antes no esforço de escutar incessantemente o Espírito que fala aos membros do corpo apostólico congregacional, como falara no início e no correr dos tempos. Desconectar-se da dinâmica do Espírito significa decretar a morte da congregação.

A dimensão profética tem a ver também com o momento histórico e o contexto socioeconômico-eclesial em que surgem as congregações religiosas. As congregações apostólicas modernas, em geral, foram fundadas em situações de infidelidade da Igreja, contaminada por valores antievangélicos, em detrimento de sua missão de anunciadora da Boa-Nova do Reino. Ou, então, onde os empobrecidos e os marginalizados, privados de sua dignidade, sofrem injustiça e são deixados à própria sorte. Surgem, pois, congregações para ocupar-se com os indigentes, os doentes, os menores abandonados, os excluídos, as minorias sociais, os migrantes, os refugiados e um sem-número de outras parcelas da humanidade vítimas da desumanização. Os religiosos são urgidos a manter viva a chama desse profetismo carismático. Para tanto, prevê-se serem profundamente humanizados e radicalmente comprometidos com o projeto de Jesus.

Tendo Jesus de Nazaré, assim como nos transmitem os Evangelhos, como modelo e inspiração, considerando o carisma fundacional e desejando manter-se fiel à vocação profética, cada congregação guia-se por sua espiritualidade peculiar. Os distintos modos de viver no Espírito – espiritualidade – correspondem a explicitações da única vocação evangélica, com ênfase em um ou em outro aspecto do evento cristão, sem perder de vista a globalidade do mistério de salvação consumado pelo Filho de Deus.

A formação na VRC tem como primeiro objetivo aprofundar o conhecimento da sabedoria cristã, por meio do estudo do Evangelho e da vivência cotidiana dos valores nele contidos, a fim de tornar sempre mais consistente o discipulado cristão, como vivência da humanidade nos moldes do Mestre Jesus, característica dos religiosos. A história da congregação e a vida do fundador devem ser estudadas sob o prisma do mistério cristão. A ausência dessa referência fundamental a Jesus Cristo torna inútil o acesso às coisas da congregação, por faltar aos formandos a perspectiva adequada para se deixar tocar por elas.

O conhecimento profundo de Jesus e o anseio por se humanizar conferem aos religiosos senso crítico e lucidez no que diz respeito às congregações, suas práticas e seus ideais. Impedem-nos de se acomodarem e perderem o ânimo e o vigor distintivos de quem se fez discípulo do Reino. O crescimento no conhecimento de Jesus e na dinâmica de humanização torna-se perceptível nas relações interpessoais, no âmbito da vida comunitária e no exercício da missão. Quem cresce em fraternidade e abre o coração para cuidar dos sofredores e dos injustiçados, está em profunda sintonia com Jesus e tem liberdade suficiente para não se apegar a pessoas, obras, lugares, ideologias e preconceitos. Pelo contrário, quando o religioso perde o sentido da fé e se afasta do Evangelho, torna-se insensível na relação com o próximo em situações dramáticas; acomoda-se nas estruturas da congregação, por lhe dar segurança; deixa-se seduzir pelos "encantos" da Modernidade no que tem de consumismo, hedonismo, individualismo, narcisismo. Age como verdadeiro ateu revestido com verniz cristão!

Uma enorme espiral de problemas e crises surge no interno das congregações pela admissão de pessoas despreparadas para dar o passo da VRC ou incapacitadas para fazê-lo: querem ser religiosos sem o passo prévio da humanização e do discipulado cristão. Muitos são carentes de bases humanas elementares ou jamais fizeram a experiência de um amor pessoal a Jesus Cristo e não se demonstram preocupados em praticar o compromisso batismal. Em tais circunstâncias, torna-se inviável transformar a formação na VRC, como era de se esperar, em dinâmica de crescimento e de radicalização do processo de humanização, à luz do discipulado cristão, expresso como comunhão de vida e de ideais.

Portanto, o sucesso ou o fracasso da formação dependem de os formandos estarem em condições de assimilar os elementos peculiares da VRC, no que tem de vida comunitária e apostólica, numa linha de espiritualidade mistagógica. Entretanto, será indispensável uma base humana e cristã mínima, a ser paulatinamente consolidada com os recursos que a congregação coloca à sua disposição.

***

A pedagogia da formação tem como pressuposto uma correta compreensão da identidade e da missão da VRC. Convém entendê-la como vivência comunitária da fé batismal com seu desdobramento missionário, pautando-se por um projeto congregacional capaz de potenciar o cabedal de humanidade trazido consigo por cada formando. Esse viés leva a compreender a pedagogia da formação como esforço em encontrar os melhores meios de possibilitar ao formando desenvolver seu potencial humano, incrementar a vivência da fé e viver com fidelidade criativa o carisma congregacional, acolhido com liberdade e generosidade.

II UM OLHAR MISTAGÓGICO PARA A FORMAÇÃO

Os formadores da VRC, em geral, têm uma vaga ideia do que seja formação, como se fora algo naturalmente conhecido. Uma reflexão sobre a formação, enquanto tal, se faz necessária, pois a pedagogia a ser usada ao longo do processo depende de como o formador entende o conjunto da caminhada formativa, desde as etapas iniciais até a formação permanente. Embora aqui o foco seja a formação inicial, os encarregados dessa etapa devem ter consciência de que se trata de estabelecer os alicerces de uma construção interminável. Só terá chance de exercer um papel positivo o formador consciente do que se espera dele no trato com os formandos, bem como dos objetivos a serem alcançados. Lançar-se na tarefa de ser formador sem tal entendimento prévio será sempre muito arriscado.

1. A palavra-metáfora formação: suas conotações

O vocábulo formação evoca *forma*, no sentido de configuração dada à matéria-prima pela habilidade, por exemplo, de um escultor. A forma, nesse caso, habita o imaginário do artista e será aplicada a determinado material, no qual a figura imaginada tornar-se-á escultura. A matéria-prima recebe uma formatação peculiar pela destreza do artista. Quanto mais criativo e talentoso, maior será o valor de sua obra de arte. Poderá acontecer de se equivocar na escolha do material a ser trabalhado e este não suportar sua ação de escultor. Nesse caso, a forma imaginada não se concretizará ou não será realizada do jeito esperado. Por conseguinte, a forma depende também da qualidade do material.

O trabalho do artista torna-se objeto de juízo estético, quando contemplado. Pode acontecer de o artista considerar uma maravilha o trabalho de suas mãos, mesmo recebendo críticas severas. Ou também o contrário: estar descontente com sua obra e os elogios virem de todas as partes.

Formação evoca igualmente o substantivo *forma*, recipiente onde a massa assume determinada figura, um feitio peculiar. Formas são usadas, por exemplo, no âmbito da culinária para a produção de bolos. Estes serão configurados de acordo com a forma usada. A forma torna-se útil, quando existe massa a ser assada. Colocada a massa na forma, cabe à cozinheira determinar o tempo necessário para permanecer no forno. Nem mais nem menos! Um conjunto de atenções possibilitará a produção de um bolo gostoso, apreciado por todos, até mesmo pelo seu formato.

O campo semântico do vocábulo formação abarca a ideia de moldar, plasmar, delinear. Com tais conotações torna-se metáfora para a VRC entender o processo de seleção, admissão e acompanhamento dos membros das congregações religiosas, numa dinâmica que abarca o conjunto da existência de cada um dos seus membros. Quando a dinâmica da formação inicial até a permanente perde força, é levada adiante de qualquer modo ou está nas mãos de pessoas sem criatividade ou irresponsáveis, instaura-se um processo de deformação, distorção, deficiência, tremendamente danoso para quem abraçou a vocação batismal de servidor do povo de Deus, formando um corpo com os companheiros de missão, guiando-se pelo carisma-espiritualidade de um fundador. Estar em processo de contínua formação, vencendo a tentação de se fossilizar, constitui-se em sinal inequívoco da ação do Espírito Santo na vida do religioso e de sua congregação, por ser o que renova e recria, incessantemente, a face da terra.

2. Pressupostos da formação

A metáfora formação, quando aplicada à VRC, traz à mente uma série de interrogações: Quem é o agente da formação? Que "material" humano carece de ser formado? Que modelo (forma) convém ser usado? Que ingredientes são os mais adequados? Qual o melhor local para se fazer com proveito determinadas experiências formativas? Que tempo se aconselha para a conclusão de cada etapa? Que critérios aplicar na avaliação dos resultados obtidos em cada passo? Que precauções importam ser tomadas na comunicação de pareceres sobre os formandos? São todas perguntas com as quais os formadores e as equipes de formação se veem confrontados. A motivação dos jovens a escolherem determinada congregação dependerá das respostas dadas a estas e a outras indagações. Espera-se dos responsáveis pela formação suficiente lucidez para não errarem na tarefa de ajudar os vocacionados à VRC a encontrar nela uma mediação para realizar seus ideais mais profundos, fazendo multiplicar os dons e carismas recebidos.

O agente primeiro da formação é Deus, o verdadeiro formador. A Bíblia expressa essa verdade teológica com a metáfora do oleiro. "Deus formou o ser humano do pó da terra" (Gn 2,7); "Como a argila na mão do oleiro, assim sois vós na minha mão, ó casa de Israel" (Jr 18,6); "Mas agora, ó Senhor, tu és nosso Pai; nós o barro e tu o nosso oleiro; e todos nós a obra de tuas mãos" (Is 64,7). Essa imagem é muito sugestiva! Deus cria, continuamente, cada ser humano, e se ocupa com cada um, no desejo de transformá-lo em obra-prima.

Deus-formador atua na história servindo-se de mediações para moldar o coração das criaturas humanas. No caso da VRC, a primeira mediação corresponde ao próprio formando, que se responsabilizará por sua formação, consciente do dever de levar à perfeição a obra iniciada por Deus. O apóstolo Paulo expressa essa convicção ao afirmar: "tenho plena certeza de que aquele que começou em vós a boa obra há de levá-la à perfeição até o dia de Cristo Jesus" (Fl 1,6). Deus age no coração de cada pessoa com o objetivo de fazer sua "imagem e semelhança" resplandecer fulgurante. O agir divino depende da colaboração de quem realiza a boa obra de modo a permitir-lhe crescer e frutificar sempre mais. O processo formativo na VRC foca nessa direção, ao conscientizar o formando a se tornar o primeiro auxiliar de Deus numa dinâmica que o leva a buscar "ser perfeito como o Pai dos céus é perfeito" (Mt 5,48). Caso o formando não se responsabilize por seu processo de formação, qualquer progresso ficará inviabilizado.

O "formador" e a "formadora" vêm em terceiro lugar. Funcionam como "colaboradores de Deus" no ato de modelar a identidade dos formandos, à luz do carisma e da missão congregacional. Sentem-se responsáveis pelos formandos, mas na condição de coadjutores da obra divina. Importa-lhes contribuir para que a ação de Deus se processe nos corações dos formandos e produza o efeito de conformá-los com a vontade divina. Pode-se falar da corresponsabilidade formando-formador diante de Deus, cada qual com sua tarefa.

O "material" humano a ser modelado por Deus corresponde a cada formando, com sua história, suas experiências de vida, seus interesses e aptidões e seus projetos, enfim, seus ideais. Tudo isso deve passar pela "modelagem" divina, segundo a vocação e o carisma peculiar da VRC. Por conseguinte, torna-se inevitável um consistente autoconhecimento, ponto de partida de uma longa caminhada, com seus altos e baixos e infinitas vivências. Formandos alienados, desconhecedores de suas potencialidades e limitações, estão impossibilitados de fazer um autêntico processo formativo. Sob outro viés, religiosos incompetentes para conhecer os formandos, com certa profundidade, são desqualificados para a função de formadores. Suas intervenções no processo formativo, com grande probabilidade, serão sempre desastrosas. Ou, então, serão tentados a fazer dos formandos sua "imagem e semelhança", como se fossem projeções de si mesmos, com o risco de inviabilizar a obra criadora de Deus.

O modelo de referência do processo formativo, no âmbito da fé cristã, é Jesus Cristo. Os imperativos evangélicos – "aprendei de mim!" (Mt 11,29); "dei-vos o exemplo, para que façais assim como eu fiz para vós" (Jo 13,15)

– mantêm-se inalterados; bem como a advertência do apóstolo Paulo – "tende em vós o mesmo sentimento de Cristo Jesus" (Fl 2,5). Qualquer outro modelo, embora atraente, será espúrio. O processo formativo, portanto, consistirá em conformar a existência do religioso com o modo de ser de Jesus.

Esse processo abarca a vida inteira do religioso, discípulo do Senhor. A chamada *formação inicial* consiste em colocar os fundamentos da caminhada, os marcos orientadores dos passos a serem dados. A *formação permanente* é o esforço continuado de quem não cruza os braços e se dá por satisfeito com os passos consolidados. Antes, quer caminhar mais e mais, até o momento do encontro definitivo com o Senhor. Existem sempre passos a serem dados na linha da advertência de Jesus no encontro com o jovem rico – "uma só coisa lhe falta!" (Mc 10,21). Enquanto o religioso não é alcançado pela morte, existe sempre alguma coisa a ser feita. O Senhor diz-lhe com insistência: "falta-lhe algo!".

Esses elementos do processo formativo comportam três pressupostos:

a) *Pressuposto teológico*. A dinâmica da formação exige pensar Deus no processo continuado de criar cada ser humano "à sua imagem e semelhança" (Gn 1,26), preparando-lhe o coração para a oblatividade, por ser "Deus amor" (1Jo 4,8). De sua parte, o formador confronta-se com a obrigação de reconhecer e respeitar essa dinâmica teológica ao se lançar em sua missão. Caso contrário, agirá na contramão de Deus e arruinará a obra iniciada no coração dos formandos. A colaboração com o agir divino baseia-se, portanto, numa mística profunda e numa radical sintonia com Deus. Só assim o formador poderá intuir, nos casos específicos, para onde o Espírito Santo de Deus – o grande formador – conduz cada formando, com sua história, dons e ideais.

b) *Pressuposto cristológico.* Jesus Cristo encarna o modelo de humanidade revelado e querido por Deus para todos os seres humanos. Por conseguinte, a dimensão humana visada no processo formativo da VRC decorrerá da contemplação do evento Cristo, assim como se narra nas catequeses evangélicas, bem como de sua assimilação, perceptível no modo de proceder do formador, primeiro incentivo para o formando crescer em humanidade. O pressuposto cristológico aponta para um conhecimento pessoal, existencial e interno de Jesus Cristo. Dito doutra forma, só pode lançar-se na tarefa de ajudar os irmãos no processo formativo da VRC, quem se dispuser a ser discípulo autêntico de Jesus. Formar, então, consistirá em motivar os formandos a entrar na mesma dinâmica existencial-espiritual-cristológica vivida pelo formador. Ao superar os limites das teorias pedagógicas e dos modelos preconcebidos, a formação se tornará uma espécie de aventura cristã: o formador, nos passos de Jesus, ajuda o formando a se lançar na dinâmica de configurar sua existência com a do Mestre.

c) *Pressuposto antropológico.* Todo ser humano traz consigo um inefável mistério, envolto num emaranhado de fatores históricos, familiares, psicológicos, culturais, sociológicos e tantos outros. É a "matéria-prima" a ser trabalhada por Deus. Esse pressuposto desqualifica toda e qualquer tentação de criar e de impor padrões rígidos de formação, em que a individualidade não conta. Evidentemente, seria impraticável criar do zero um programa pessoal para cada formando. Todavia, pode-se adotar determinado projeto de formação sem torná-lo rígido, antes o adaptando aos formandos; dando maior ou menor ênfase a certos aspectos, a depender das pessoas e das circunstâncias; inserindo novos tópicos, quando surgem situações imprevistas. Foi-se o tempo dos esquemas formativos de abrangência universal, aplicáveis em qualquer quadrante do planeta.

As equipes podem sentir-se inseguras, quando se trata de elaborar programas de formação que levem em conta a realidade dos formandos e suas precárias bases humanas. Um caminho sensato consistirá em elaborá-los, porém, mantendo o espírito aberto para levar em consideração a realidade dos formandos e suas carências.

3. A formação como mistagogia

A caminhada formativa na VRC constitui-se numa verdadeira mistagogia. Esta palavra, no vocabulário cristão, evoca uma prática da Igreja primitiva. Após longo período de catequese, os neobatizados eram instruídos nos mistérios cristãos, no decorrer do tempo pascal, fazendo a experiência de vida sacramental e de inserção na comunidade, caminho de comunhão com o Deus Trindade. Era função do mistagogo ajudar os irmãos a transformar em vida o que aprenderam na catequese. E, assim, mergulhar profundamente no "mistério" de Deus e ser transformado por ele, num processo de divinização – *théiosis*.

A formação na VRC deve se tornar mistagogia na medida em que se configura como caminho de fé humanizadora,

A FORMAÇÃO NA VIDA RELIGIOSA CONSAGRADA

trilhado como corpo apostólico, tendo a perfeição do Deus Trindade como meta. Quanto mais passos forem dados, tanto mais se alcança "o estado de homem perfeito, à medida da estatura da plenitude de Cristo" (Ef 4,13). Essa perspectiva mistagógica serve de alicerce para o processo formativo, em todas as suas etapas. Quem se dispõe a ajudar os irmãos nessa caminhada assume a função de mistagogo, com todas as exigências de quem peregrina cada dia para Deus.

O formador exerce a função de mistagogo enquanto:

- tem consciência de ser companheiro dos formandos no caminho para Deus, cujo mistério assimila e pelo qual se deixa transformar;
- torna-se para os formandos um referencial de vivência honesta da fé, com seu testemunho de vida, autêntica transparência da divindade;
- incentiva os formandos a conhecerem seu mistério pessoal, onde Deus se encontra e age em favor deles.

Caso o formando tenha medo de se autoconfrontar e fuja de si mesmo, bloqueará a dinâmica mais profunda da formação, pois, em última análise, impedirá que o Deus Criador aja nele. Quem se mostra incapaz de experimentar Deus agindo dentro de si, será também incapaz de descobrir a beleza de sua ação fora de si, nos outros, na criação e na história.

A perspectiva mistagógica dá transcendência à formação. Quando se perde o horizonte mistagógico, ela se resume a um repertório de normas e práticas a serem respeitadas à margem da espiritualidade. Surgem daí congregações que são corpos sem espírito! Autênticas empresas focadas na eficiência, na produtividade, no acúmulo de patrimônio, desprovidas da mística evangélica.

Em tempos que se espera terem sido deixados para trás, a formação na VRC padeceu de deficiência mistagógica. Ao formador competia introduzir os formandos nas práticas de piedade e de vida comunitária próprias de cada congregação, bem como no mecanismo das obras geridas pelas comunidades religiosas. Os formandos eram preparados como peças de uma imensa engrenagem, na qual deviam inserir-se com total submissão, sem questionar as ordens superiores. Ser "bom religioso" ou "mal religioso" estava na dependência de se adaptar ou não aos mecanismos da congregação. A dimensão mística da vocação religiosa tornava-se imperceptível.

Nos tempos atuais, a formação continua a padecer de semelhante déficit. O mistério e o sagrado foram banalizados. As parafernálias técnico-eletrônicas, em acelerado processo de lançamento de novidades, criam um mundo atraente e sedutor que envolve os formandos, a ponto de substituir o maravilhoso mistério de Deus ou, pelo menos, obscurecê-lo. Por outro lado, a cultura pós-moderna tende a reduzir o ser humano à pura imanência ou a confrontá-lo com falsas imanências. O neoliberalismo e seu culto ao deus dinheiro, com sua voracidade de lucro, instigam as pessoas a consumir e a buscar o prazer, a qualquer custo, dando as costas ao que possa implicar renúncia, ascese, em vista de um bem maior. Esses horizontes reducionistas tendem a dificultar a caminhada dos formandos no que tem de mistagogia.

Entretanto, o processo formativo só atinge seu objetivo ao se configurar como caminho para o Deus vivo e verdadeiro, revelado por Jesus de Nazaré, a ser continuamente conhecido e interiorizado. Caso contrário, lhe faltará o ingrediente mais importante para a configuração do carisma, da espiritualidade e da missão específicos da VRC. Tanto formadores quanto formandos deverão estar convencidos dessa realidade.

4. O componente congregacional

Cada congregação tem seu projeto de formação correspondente a um caminho mistagógico que leva em consideração as peculiaridades de seu carisma missionário original, conformado com as intuições dos fundadores. Suas entrelinhas são perpassadas por componentes teológicos, cristológicos, antropológicos, eclesiológicos e espirituais encarnados em propostas de ação, tendo como propósito articular um corpo apostólico comprometido com o Reino. Quanto mais esses componentes forem corretamente compreendidos e formulados, tanto mais lúcida será a proposta formativa. Podem ser enganosos os projetos de formação muito bem elaborados, fundamentados em modernas técnicas e teorias pedagógicas e servindo-se de recursos sofisticados, se forem inaptos para potencializar a dinâmica mistagógica vivida pelos formandos e fazer crescer em seus corações o ideal de servir como corpo apostólico congregacional. Estarão aquém das expectativas da VRC os programas de formação cujos horizontes fogem dos verdadeiros ideais desse carisma.

Podem-se deduzir daqui algumas consequências:

- Os responsáveis pela equipe de formação de cada congregação deverão ser religiosos conscientes do caráter mistagógico do processo formativo e profundos conhecedores do carisma congregacional, a ser configurado como projeto de formação.

- Supõe-se que os encarregados pela formação vivam o carisma congregacional como experiência de realização de seus ideais mais profundos, dando mostras de serem felizes em sua opção de vida. Revela-se inadequado propor aos jovens religiosos uma aspiração de vida não testada pessoalmente. O resultado pode se mostrar desolador, por ser grande o risco de pessoas desavisadas se verem envolvidas em contextos que as tornarão frustradas e revoltadas com a congregação e com a Igreja, por se sentirem vítimas de uma propaganda vocacional enganosa. O formando espera encontrar no testemunho de vida do formador a expressão viva do projeto que lhe é proposto. Portanto, encarna a figura e o papel de formado somente quem assimilou e encarnou o carisma e a missão de sua congregação, pela qual optou como caminho para Deus.

- Os fundadores e as fundadoras são figuras importantes, enquanto testemunho e referencial de fidelidade congregacional no caminho para Deus e na submissão à vontade divina. Recordá-los e venerá-los só tem sentido enquanto recuperação de uma memória original à qual os membros da congregação se referem para se se sentirem impelidos a caminhar resolutos na fé, nas pegadas de Jesus, rumo a Deus. A falta dessa postura pode originar um culto vazio aos fundadores e às fundadoras, com o perigo de tomarem o lugar que pertence exclusivamente ao Senhor do Reino!

- O projeto formativo congregacional só pode ser apresentado a pessoas com um mínimo de experiência de Deus e de conhecimento interno de Jesus, desejosas de dar às suas vidas um incremento mistagógico. O projeto de formação congregacional, então, será entendido como instrumento potencializador da longa marcha rumo ao mistério divino.

5. A formação e seus múltiplos contextos

A formação torna-se mistagogia ao se inserir no complexo dinamismo da existência humana com suas múltiplas faces e variados contextos. Nenhum deles pode ser descartado, com o risco de fragilizar o processo formativo. Religiosos marcadamente cristãos, imbuídos e plasmados pelo carisma de suas congregações, provêm de caminhadas formativas em que o conjunto de suas personalidades foi considerado.

Contexto histórico

A formação acontece ao longo de tempos e momentos bem precisos da história, em contínua mutação. Mesmo convivendo num mesmo tempo cronológico, os formadores e os formandos situam-se diferentemente no confronto com a história, pois são de distintas gerações. A ideia de geração tornou-se muito fluída, a ponto de pessoas com uma década de diferença, quanto à idade, poderem ter consciência de pertencer a diferentes gerações. O que antes era perceptível numa longa faixa de tempo, agora, se percebe em tempos bem mais curtos.

Decorre daqui a conveniência de se evitar, por parte de formandos e de formadores, esquemas demasiado rígidos, com o risco de se tornarem, em pouco tempo, superados e obsoletos. E, por outro lado, de se manter o coração aberto para acolher, com discernimento e lucidez, a novidade de cada momento, com a disposição para descortinar perspectivas e horizontes para a caminhada.

A falta de sintonia com os *sinais dos tempos* compromete o dinamismo da mistagogia própria da VRC. Indivíduos tendentes ao conservadorismo e ao tradicionalismo devem ser evitados, pela insistência em valorizar o passado e se fixar em práticas já superadas, num aberto e conflitivo fechamento ao presente. Quanto mais o formando se dispuser a ser uma pessoa do seu tempo, tanto mais a formação fluirá com êxito, como caminho para Deus.

Contexto cultural

A bagagem cultural herdada da família acompanha cada formando e cada formador. Existe uma cultura determinável, com marcas bem claras, mas, também, uma cultura difusa que se assimila de forma passiva e inconsciente. Os elementos culturais devem ser considerados, em se tratando de mistagogia na VRC, descartando-se os que estão em aberta contradição com o projeto de Deus.

Formadores e formandos são desafiados a tomar consciência e a valorizar suas riquezas culturais e ao mesmo tempo se abrir para novos horizontes, com os quais podem se enriquecer. O variado universo da VRC possibilita aos religiosos o contato com muitas culturas e suas cosmovisões. Pessoas demasiado apegadas a seus contextos culturais, a ponto de serem incapazes de reconhecer e valorizar o patrimônio cultural alheio, dificilmente tirarão proveito da formação na VRC. Atitudes exacerbadas de exaltação da própria cultura inviabilizam e empobrecem a caminhada formativa. Pelo contrário, a abertura para novas culturas e seus valores tem o efeito positivo de viabilizar o conhecimento do universo cultural pessoal e descortinar perspectivas de crescimento. O caminho para Deus passa por tais veredas!

Contexto sociofamiliar

A ideia de família e as configurações familiares passam por acelerado processo de mutação. Quando se fala em família, não é fácil saber do que se está falando. Existem famílias constituídas à margem dos vínculos formais de um contrato matrimonial civil ou religioso, famílias onde a mãe ou a avó são os referenciais para as crianças, sucessivos casamentos pela larga e facilitada prática do divórcio, crianças adotadas por casais homoafetivos; o poliamor abre espaço para possibilidades inimagináveis de relações familiares. Tudo isso tem incidência direta na formação da personalidade dos jovens. Desses nichos familiares provêm as vocações para a VRC! Foi-se o tempo em que os jovens vocacionados conheciam exatamente suas raízes sociofamiliares e sabiam contar histórias de seus avós.

São muitos os problemas decorrentes dessa realidade no tocante à mistagogia. Como falar de Deus Pai ou Deus Mãe para alguém cuja imagem paterna ou materna está comprometida por dolorosas experiências de violência ou rejeição? Como falar de caminho mistagógico de humanização para quem foi continuamente desumanizado? Como propor a alguém recuperar a história do amor de Deus em sua vida, se ele não está em condições de narrar experiências de amor no âmbito sociofamiliar?

Na eventualidade de a história familiar de um formando comportar traumas de difícil ou impossível superação, será preciso avaliar com muito discernimento a conveniência de mantê-lo no processo formativo. Será preciso ponderar a necessidade de ajudá-lo, com mais êxito, fora das estruturas formativas da VRC.

Contexto de gênero e etnia

As questões de gênero e de etnia foram introduzidas na agenda da VRC pelo avolumar-se da consciência da dignidade e dos direitos de todos os seres humanos. Embora o machismo e o racismo continuem a contaminar as relações interpessoais, a denúncia e, em alguns casos, a punição desses desvios de conduta ganham sempre mais espaço.

Religiosos e religiosas lutam por serem considerados em pé de igualdade em congregações onde impera a supremacia branca e a supervalorização masculina. A formação na VRC tem uma importante contribuição a oferecer no sentido de preparar as novas gerações para a correta convivência étnica e de gênero no âmbito congregacional, bem como de banir da sociedade atitudes que degradam a dignidade humana.

A VRC está ainda contaminada pelo racismo e pela apartação social, perceptível para quem a analisa com mais atenção. Fica impossibilitada uma autêntica experiência mistagógica por parte de formadores e formandos incapazes de se deixarem convencer da igualdade fundamental de todos os seres humanos diante de Deus e da sociedade. Maior gravidade tem quando um formando ou um formador internaliza a convicção de ser inferior devido à cor de sua pele ou ao seu gênero. Enquanto permanecerem esses complexos, a formação mistagógica estará inviabilizada.

Contexto econômico

O neoliberalismo econômico, promotor do culto ao lucro e ao mercado, alicerça uma das idolatrias mais perversas dos tempos atuais. O deus dinheiro, juntamente com o consumismo desmedido, desvia as pessoas do caminho para o Deus vivo e verdadeiro. Os resultados desse modelo econômico se percebem no fosso criado entre ricos, cada vez mais ricos, e pobres, cada vez mais pobres, entre quem tem acesso aos bens e às benesses deste mundo e quem está fadado a contentar-se com as migalhas caídas da mesa dos poderosos, entre quem tem dinheiro para financiar custosos planos de saúde e os relegados às vastas filas de espera em hospitais públicos.

Se, no passado, havia vocações à VRC provindas dos estratos socioeconômicos mais elevados, no presente, são provenientes, em sua maioria, dos meios populares, com precárias condições de vida. A formação, nesse contexto, tem a tarefa de libertar o coração do religioso das amarras da idolatria neoliberal e inseri-lo na dinâmica de Deus. E, assim, criar corações livres, sem mágoas e ressentimentos, mas também preparados para superar a tentação de se locupletar dos bens das congregações, para suprir as carências sofridas na pele no âmbito familiar.

Contexto político

O sistema político brasileiro passa por avançada crise de degradação. Corrupção, clientelismo, abuso de poder, malversação dos bens públicos, coronelismo, nepotismo, manipulação das opções políticas pelas redes sociais, acesso a cargos políticos de pessoas inescrupulosas e despreparadas para o trato com as coisas públicas, conluio do Estado com o crime organizado, entre muitas outras, são realidades corriqueiras no âmbito político. Sua influência negativa torna-se visível numa espécie de fatalismo internalizado pelas camadas mais pobres da população, fadada a viver marginalizada, pois sua participação nos destinos da pólis jamais acontece. Some-se ao fato de depender da boa vontade dos políticos, a quem recorre em busca de favores, à acomodação da sociedade civil perante a falta de transparência na gestão pública, ao receio das pessoas honestas e competentes de engajar-se na política, considerada atividade para inescrupulosos e corruptos.

Esse quadro desolador reflete-se na psicologia social pela qual os candidatos à VRC são influenciados. O processo formativo, então, terá como tarefa ajudá-los a superar os efeitos negativos da realidade política, configurados como passividade, alienação, fatalismo, em vista de se tornarem presença politicamente construtiva nos campos de missão, mormente, entre os empobrecidos e marginalizados.

Comunhão e participação são consignas inescusáveis em se tratando da vertente política da dinâmica mistagógica da formação.

Contexto eclesial

A vertente eclesial é constitutiva da formação na VRC, por se tratar de um carisma originado no seio da Igreja, por ela acolhido e promovido. Porém, quando tem a ver com pensar a Igreja encarnada na história, são muitos seus rostos, modelos e expressões. Lado a lado, convivem comunidades eclesiais comprometidas com o serviço ao povo de Deus e comunidades guetos, alienadas do mundo, comunidades ministeriais, valorizadoras dos dons e carismas de seus membros, centradas no sacramento do Batismo, comunidades clericais e autoritárias, centradas no sacramento da Ordem, comunidades atentas aos sinais dos tempos e comunidades preocupadas com questões menores de culto, rito e doutrinas, irrelevantes para a construção do Reino de Deus, comunidades voltadas para o futuro e preocupadas com a caminhada do povo de Deus, e comunidades tradicionalistas e conservadoras, empenhadas em conservar tradições arcaicas dignas de museus. Subjacentes estão dois modelos teológicos, dois modelos eclesiológicos, duas formas de ver o Espírito Santo, duas concepções de tempo e história, duas concepções de salvação, em aberta discrepância.

Formandos e formadores trazem consigo suas experiências de Igreja, às vezes, discordantes. O processo formativo, nesse caso, terá como tarefa prepará-los para viver a dimensão eclesial da VRC da forma mais evangélica possível, nos passos de Jesus de Nazaré. Enquanto mistagogia conscientizará os formandos da urgência de abrir mão dos modelos eclesiais contrários ao Evangelho e de se esforçar por abraçar o projeto de Jesus, focado em criar uma nova humanidade, sem excluídos e marginalizados, como projeto do Deus de nossa fé. O caminho mistagógico eclesial, enquanto VRC, constrói-se na comunhão de irmãos, membros de um mesmo corpo apostólico congregacional, colocado a serviço do Reino de Deus, como sal, luz e fermento da história.

Contexto religioso

A infinita e incontrolável multiplicação de Igrejas e de religiões torna cada vez mais complicado o discurso religioso. As palavras "Deus" e "fé" estão carregadas de ambiguidade, a ponto de não mais se saber a que se referem, seu objeto e seu sentido. Cada pregador, cada novo fundador de igrejas, sente-se no direito de "criar" um deus à sua imagem e semelhança, apesar de evocar a tradição bíblica judeo-cristã.

Enquanto predominava a hegemonia religiosa católica, quiçá fosse possível estabelecer as notas mínimas da religiosidade popular. Qualquer pretensão nessa linha, na atualidade, mostra-se impraticável, inclusive nos ambientes católicos, onde o devocionalismo grassa indomável. O mundo neopentecostal tem-se mostrado fecundo em produzir novidades religiosas, bem ao gosto do público católico.

Por outro lado, as opções religiosas têm funcionado como fator de desunião das famílias, cindidas de acordo com as pertenças de seus membros. Uma família, vivendo sob o mesmo teto, poderá ser composta por pessoas de variadas pertenças religiosas, cada qual com suas crenças, cosmovisões e práticas. Existem casos em que os filhos crescem sem religião, visto que os pais aderiram a Igrejas distintas, não chegando a um acordo para que Igreja levariam os filhos. Ou situações em que os filhos, numa semana, frequentam a igreja da mãe e, na outra, a do pai. E tantas outras circunstâncias!

Muitos candidatos à VRC provêm de ambientes religiosos desagregados, em que tiveram que abrir um caminho pessoal de vivência religiosa, muito diferente das opções dos pais. São católicos de pais não católicos! Independentemente do contexto religioso familiar, o processo formativo mistagógico da VRC depende da explicitação e da tomada de consciência da imagem de Deus cultivada em seus corações, bem como de sua cosmovisão religiosa e seus valores.

A ausência desse procedimento preliminar pode gerar equívocos preocupantes: o formador aponta o caminho para o Deus de Jesus Cristo, mas o formando segue na direção de um deus muito distinto; o formador está preocupado com o ideal evangélico, porém, o horizonte religioso do formando está configurado com dogmas, doutrinas e devoções; o formador lê a realidade guiado pelo humanismo cristão, ao passo que o formando se deixa levar por discursos religiosos retrógrados, sem incidência social. Mas pode acontecer de a deficiência religiosa dizer respeito, também, ao formador.

A linguagem religiosa do formador e a do formando devem se compatibilizar. Daí a necessidade de acertarem os ponteiros, de modo a falarem a mesma linguagem e terem em vista o mesmo objetivo, ou seja, o Evangelho do Reino, anunciado e vivido por Jesus de Nazaré.

Contexto psicológico

A dinâmica da formação, enquanto mistagógica, só se deslancha com indivíduos psicologicamente integrados. Formandos carregados de bloqueios, traumas, desequilíbrios ou com distúrbios acentuados de personalidade, com grande probabilidade, estarão incapacitados para abraçar o projeto de formação que lhes é proposto e transformá-lo em caminho de vida, segundo as expectativas das congregações a que pertencem.

As estruturas sociofamiliares, lugar privilegiado para a construção de personalidades saudáveis, estão por demais esgarçadas, a ponto de não mais cumprirem seu papel no desenvolvimento da personalidade de seus membros, de modo especial, as crianças. Daí provêm as novas vocações! Caso as congregações sejam excessivamente rigorosas na seleção dos novos membros, deverão fechar as casas de formação por faltar vocações à altura de suas exigências, quanto à maturidade psicoafetiva. Pelo contrário, se agirem com complacência desprovida de discernimento ou fizerem vista grossa, correrão o risco de verem suas comunidades se transformarem em verdadeiros "balaios de gatos", onde pessoas complicadas se mostram inaptas para a convivência e para o exercício colegiado da missão.

O termo médio consiste em estabelecer patamares mínimos de integração psicoafetiva e em se recusar a receber pessoas com baixa maturidade, inferior ao recomendado, ou que não deem esperança de responder, com êxito, aos recursos psicoterapêuticos.

Existem outros contextos a serem levados em consideração por formandos e formadores. Podem acontecer situações específicas em que se pedirá atenção para elementos muitos particulares de determinado formando, com forte incidência em seu processo formativo. Entretanto, jamais se poderá perder de vista a meta a ser alcançada: introduzir o formando numa dinâmica histórica, existencial, espiritual, focada no mistério do Deus Trindade, segundo o carisma peculiar da VRC.

6. A formação como processo

Pode parecer desnecessário sublinhar a natureza progressiva da formação. No entanto, o desconhecimento velado dessa realidade tem causado não poucos sofrimentos, de modo especial no âmbito da VRC feminina. As coisas podem caminhar bem até o fim do noviciado e a primeira profissão religiosa. Ao se tornar "irmã", começam as pressões sobre a juniorista, exigindo que se comporte e dê mostras de maturidade humana, espiritual e missionária no mesmo nível das irmãs veteranas, que fizeram uma longa caminhada na congregação. O envio para comunidades de irmãs de votos perpétuos, ativas nos campos de missão, com estilo de vida bem cristalizado, pode ser dramático. As irmãs se mostram impacientes, às vezes intolerantes, com a recém-juniorista, que é vista com desconfiança e suspeita, por desconhecerem a cultura dos jovens; criticam a formação, de onde saem jovens que "não são generosas e disponíveis como nós"; submetem-na a práticas comunitárias de piedade, feitas de devocionalismo obsoleto, carente de sentido para a jovem religiosa; controlam seus passos e tolhem sua liberdade, forçando-a a ser dissimulada e arredia; criticam suas iniciativas e falam mal dela pelas costas. O futuro dessa vocação pode-se prever sem dificuldade!

Engana-se quem pensa ser invencionice as situações elencadas! Infelizmente, a realidade vai muito além do que se pode imaginar, por exemplo, quando se detectam indícios de crueldade. Aqui pode estar a raiz da deserção de inúmeras junioristas, forçadas a abortar uma opção de vida apenas iniciada com muita sinceridade perante Deus e a congregação. Isso porque, logo ao deixarem a casa de formação com sua estrutura peculiar, foram enviadas para comunidades de missão, onde não encontram irmãs conscientes e convencidas da responsabilidade de ajudar as novas religiosas a caminhar, gradativamente, no caminho da maturidade almejada por quem abraçou o carisma da congregação.

Os formandos de congregações masculinas, de modo especial os destinados ao ministério presbiteral, encontram-se numa situação privilegiada. A formação filosófica e a teológica, exigidas para a recepção do sacramento da Ordem, permitem-lhes continuar por longos anos, após o noviciado, em casas de formação bem estruturadas e com o adequado acompanhamento. Sorte distinta têm os religiosos irmãos de congregações clericais. Podem ter destino semelhante ao das irmãs junioristas! E os formandos, religiosos de congregações exclusivamente de irmãos? Quiçá tenham o privilégio de um processo formativo com longo período de acompanhamento personalizado em casas de formação apropriadas. Mas, pode acontecer de serem enviados para a missão, no imediato pós-noviciado, com o risco de queimarem etapas importantes na caminhada de formação.

A formação pode ser entendida como uma longa marcha, com etapas e objetivos a serem bem definidos em conformidade com o carisma missionário de cada congregação. Acompanhamento vocacional, aspirantado, postulantado, noviciado, juniorado, passos da formação inicial, e a posterior formação permanente carecem de ser encarados com seriedade, de modo a se evitar a tentação de considerá-los como mera formalidade, como se não houvesse nenhuma diferença entre uma etapa e outra. Pode acontecer de um formando passar de uma fase a outra sem que se verifiquem progressos. Resultado: depois de perfazer todas as etapas exigidas, agirá como se jamais tivesse sido tocado pela dinâmica da formação. Basta ver como se comporta – seus valores, seus projetos, seu testemunho de vida. Será um retrato vivo do fracasso da formação!

Cada etapa do processo formativo visa a objetivos bem determinados, a serem alcançados, antes de se passar à etapa seguinte. Almejar um projeto padrão, aplicável indistintamente foi uma prática do passado, hoje superada. Cada equipe de formação vê-se desafiada a formular o projeto formativo da congregação, considerando a realidade dos candidatos e suas carências, mas também o projeto missionário congregacional e as condições de seu corpo apostólico. O projeto deve determinar os indicadores da maturidade a serem alcançados nas várias dimensões da formação: comunitária, pastoral, acadêmica, espiritual, psicoafetiva.

Lidando com liberdades, não se pode estabelecer indicadores rígidos e formas intransigentes de avaliação. A experiência de trabalhar na formação tornará o formador suficientemente arguto para perceber, nas entrelinhas do comportamento do formando, seu grau de madurez. Sinais positivos, entre outros, são a disposição e a capacidade para superar as limitações pessoais, a transparência com a congregação, com os formadores e os colegas, os gestos de bondade e de generosidade, a alegria sincera e espontânea.

Sinais negativos, entre outros, são a acomodação e a incapacidade de dar novos passos, a insatisfação persistente com tudo e com todos, a postura crítica sem a correspondente autocrítica, o isolamento e a fuga. Igualmente negativo é o cumprimento de tudo ao pé da letra, com uma postura quase escrupulosa, mas desprovida de convicção e de espírito. Surge daí o religioso bonzinho, com quem não há necessidade de se preocupar. Entretanto, o tempo mostrará a inutilidade do tempo passado na formação.

Um fenômeno preocupante diz respeito aos formandos que se submetem a todas as determinações da formação, como se fossem cordeirinhos. Um detalhe: podem estar sendo orientados por gurus, em geral, líderes de movimentos, que os instruem a serem dóceis enquanto estão na casa de formação, à espera da ordenação presbiteral ou dos votos perpétuos. Então, poderão botar as unhas de fora e mostrar suas verdadeiras personalidades. Caso a congregação e os formadores queiram se precaver de frustrações previsíveis, estejam bem atentos aos formandos muito piedosos, subservientes, até mesmo bajuladores.

Os prazos estabelecidos pela Igreja e pela congregação para as etapas da caminhada formativa levantam sérios problemas para a formação enquanto processual. A grande tentação consistirá em empurrar o formando para a etapa seguinte na esperança de, aí, atingir a maturidade não alcançada na etapa anterior, por já ter se esgotado o tempo limite para estar naquela fase. Existem situações nas quais, mesmo na eventualidade de se dar um tempo maior ao formando, não atingirá um nível satisfatório de vertebração psicoafetiva. Exige-se dos formadores grande capacidade de discernimento, para se evitar que o formando atropele a dinâmica da formação, até o momento em que tenha coragem de se decidir por deixar a VRC.

Os prazos predefinidos são mais estritos quando a etapa de formação está regulada pelo Direito Canônico, ou seja, a partir do noviciado. Excluem-se o aspirantado e o postulantado. Está vedado fazer o noviciado num período superior a dois anos (cân. 648, § 3). E se o noviço necessita de um tempo maior para alcançar as metas estabelecidas para a etapa de noviciado? Deverá abandonar a VRC e, se for o caso, voltar no futuro e refazer o noviciado. O mesmo seja dito do juniorado (cân. 655). Que fazer quando o tempo previsto para essa etapa foi esgotado e o juniorista necessita de um prazo maior para se integrar no nível almejado? Está em jogo a capacidade dos formadores de detectar os sinais de amadurecimento psicoafetivo do juniorista, embora pequenos, ou os indícios de bloqueios e indisposição para dar passos. O discernimento apurado evitará decisões precipitadas, tanto no sentido de despedi-lo, recusando-se a lhe dar chances e incentivá-lo, quanto considerando a opção de mantê-lo no processo formativo, permitindo-lhe seguir adiante, mesmo sem oferecer indícios consistentes de maturidade.

O período do aspirantado e o do postulantado devem ser especialmente valorizados. Pelo fato de o formando não ser ainda alcançado pelas normas jurídicas da Igreja, os formadores têm mais liberdade para aumentar ou diminuir o tempo dessas etapas prévias ao noviciado, de acordo com a resposta de cada formando ao estímulo recebido da congregação à qual deseja pertencer. A aceitação para o noviciado deveria acontecer tão somente quando o candidato desse sinal plausível de ter atingido a maturidade necessária para o ingresso efetivo na caminhada formativa da congregação. A precipitação mostra-se desaconselhável, visto que será grande o risco de o noviciado se tornar uma simples prolongação do postulantado, quando não do aspirantado.

O caráter processual da formação aplica-se também à progressividade na atribuição de responsabilidades, tarefas e funções aos formandos. Tudo dependerá de seus talentos, capacidade de discernimento, competência específica e assimilação da espiritualidade e da missão da congregação. Mesmo formandos que foram recebidos já com certa idade cronológica devem ser inseridos pouco a pouco no corpo apostólico da congregação, sem queimar etapas. Os extremos a serem evitados são: a infantilização que vê o formando como despreparado para assumir tarefas de maneira ajuizada e a superadultez que o considera capacitado para qualquer missão, mesmo dando os primeiros passos na congregação.

Essa orientação tem especial importância no campo pastoral. Formandos que tiveram intenso engajamento antes de ingressar na VRC carecerão do devido acompanhamento, em vista de conhecerem novas frentes apostólicas, bem como de novos métodos de ação evangelizadora. Na eventualidade de chegarem na congregação com posturas de autossuficiência, convencidos de nada mais terem a aprender e dispensando qualquer orientação, perderão uma excelente ocasião para crescer e se tornarem agentes qualificados de pastoral de qualidade.

7. A metodologia do processo formativo

O processo formativo depende de uma metodologia adequada, adaptável à polifacética realidade dos formandos. No passado, a formação na VRC, pautada pela ideia de uniformidade e por uma concepção abstrata das pessoas implicadas no processo formativo, desconsiderava as situações concretas, a ponto de aplicar indistintamente modelos padrões de formação, à margem da necessidade de adaptá-los. Hoje, embora possa haver quem ainda pense assim, só os formadores ingênuos e as congregações desavisadas poderiam cultivar tal equívoco.

As incertezas do momento, porém, criam outras armadilhas. Eis algumas delas:

- Seria arriscado caminhar sem rumo, optando por modismos passageiros e inconsistentes, no caso de os formadores serem incapazes de elaborar uma metodologia de formação, com objetivos, conteúdos e estratégias bem definidos. Essa capitulação, a longo prazo, mostra-se daninha para os formandos, a quem se apresenta um projeto de formação com prazo de validade muito curto. Quando a moda passar, ver-se-ão privados de referenciais que lhes sirvam de baliza para a caminhada.

- Outra armadilha consiste em ceder à tentação do improviso ou da pedagogia do erro-acerto, transformando os formandos em "cobaias" e se esquecendo de sua condição de agentes da formação. Nesse caso, os acertos podem ser neutralizados pelos eventuais erros, num aberto desrespeito aos formandos. Na verdade, embora a formação se oriente por um projeto com intuições bem discernidas e definidas, pode se mostrar inconveniente para determinado formando, cujas necessidades formativas não foram suficientemente contempladas.
- Copiar ou importar métodos alienígenas, eficientes em outros contextos, pode se configurar também como armadilha. Como a busca por uma metodologia formativa eficiente revela-se um trabalho árduo, quando alguém consegue intuir ideias que se mostram exitosas, tem a tentação de passá-las adiante como modelos a serem reproduzidos. Ledo engano! Mesmo a metodologia mais eficaz em determinado contexto e circunstância pode se revelar ineficaz quando aplicada a outras pessoas, em novas situações. Caso se torne inspiradora para outros formadores desafiados a pensar, a formação já terá cumprindo um excelente papel.

Não existem metodologias eficazes pré-fabricadas! Não existem receitas milagrosas para se enfrentar todos os problemas do cotidiano da formação. Podem existir linhas orientadoras e métodos inspiradores. Mas sem eximirem o formador e a equipe de formação do trabalho de intuir as melhores metodologias para os formandos que lhes foram confiados. Uma boa metodologia, aderente ao amadurecimento pessoal dos formandos, pode ter um admirável efeito mistagógico.

8. A meta do processo formativo

Equivoca-se quem confunde o bom êxito do processo formativo com a permanência do religioso na congregação. Não se pode considerar bem-sucedido um processo formativo donde resultam religiosos encrenqueiros e complicados, sem disponibilidade apostólica ou desprovidos de condições para abraçar a missão com qualidade, acomodados, consumistas, a se aproveitar das benesses da congregação. Pode acontecer de a proposta formativa congregacional ter resultado positiva pelo fato de ter ajudado o formando a tomar consciência de ser outro seu caminho ou, então, a perceber a conveniência de mudar de congregação, onde suas aptidões e seus interesses encontrarão melhores condições para desabrochar.

O processo formativo, enquanto mistagogia, tem em vista a comunhão com Deus, em conformidade com o carisma da VRC. Essa prática tem repercussões bem precisas. Sua maior ou menor profundidade se percebe, de imediato, nas relações comunitárias. O trato com o irmão ou a irmã de comunidade constitui-se no primeiro termômetro para se avaliar o nível da comunhão com Deus. Portanto, uma primeira meta a ser alcançada na formação do religioso refere--se à sua inserção no corpo apostólico congregacional, como união de corações, reflexo de sua caminhada para Deus.

A união de corações torna-se possível quando os membros da comunidade são generosos e oblativos. São pessoas que, deixando de lado a autorreferencialidade, esquecem-se de si e se voltam para o outro, a começar pelos irmãos e irmãs de comunidade, para abranger todo próximo sem distinção. Pessoas livres, sempre prontas para o serviço gratuito e desinteressado aos demais. Pessoas integradas, abertas para o perdão e a condescendência em face da falta alheia. Pessoas generosas, avessas à mesquinhez, incansáveis no cuidado com o próximo em suas carências.

Um sinal inquestionável da eficácia do processo formativo mistagógico consiste na solidariedade e na compaixão para com os empobrecidos e marginalizados. Quanto mais profunda a misericórdia compassiva com os desprezados deste mundo, tanto mais radical a comunhão com o Senhor. "Tudo quanto fizestes ao mais pequenino dos meus irmãos, a mim o fizeste" (Mt 25,40). Aqui está um traço inconfundível da VRC! Será caricatura de religioso quem, por mais que se diga feliz e realizado, tiver um coração insensível, sem entranhas de misericórdia no trato com os prediletos de Deus. A VRC moderna articulou-se como resposta de cristãos e cristãs, os fundadores e as fundadoras, ao clamor das massas sobrantes da sociedade de suas épocas e contextos. Por isso, caso lhe falte misericórdia e compaixão, a VRC se descaracteriza totalmente e os religiosos descambam para um estilo de vida cínica, sem qualquer vinculação com Jesus de Nazaré e com o Reino. Na falta de solidariedade com os empobrecidos e marginalizados, as congregações correm o risco de se tornar clubinhos de amigos, associações de proteção mútua, albergues de solteirões ou coisas semelhantes, e as casas de formação, simples repúblicas de estudantes ou albergues da juventude. Comunidades formadas por religiosos fraternos e altruístas, diante dos descartados da sociedade, são o indicador mais convincente de a formação ter atingido sua meta.

Outro objetivo importante da formação consiste em engendrar religiosos com senso crítico, a começar de si mesmos. Está implicada aqui a caminhada mistagógica. Rumando para Deus, os passos dos religiosos na história devem sintonizar o querer e o projeto divinos para a humanidade. Os descompassos da realidade com esse ideal logo serão percebidos e denunciados. Radica-se aqui o profetismo da VRC! Entretanto, as posturas críticas serão contrabalanceadas com ações positivas, encarnações do anseio divino na história. O egoísmo será denunciado pela prática do amor misericordioso. A busca desenfreada de prazer e o consumismo serão questionados pela oblatividade e pela liberdade no tocante aos bens deste mundo. Violência e ódio tornam-se alvo da denúncia profética dos religiosos que se recusam a pagar o mal com o mal, a nutrir sede de vingança no coração, antes estando sempre dispostos a perdoar e a viver reconciliados. A denúncia profética dos religiosos, decorrente de seu senso crítico mistagógico, vai além do palavreado vazio e estéril. Acontece em seu modo de vida conformado com o Reino de Deus. Esse é um ponto essencial a ser visado pela formação.

Formar-se para ter senso crítico implica a formação para o discernimento, fruto a ser almejado no processo formativo. A capacidade de discernir predispõe o religioso para as escolhas mais compatíveis com os valores do Reino, precavendo-se contra o perigo de se tornar como um caniço agitado pelo vento, caminhando ao sabor das paixões desordenadas, das opiniões questionáveis ou influenciado por ideologias avessas ao projeto de Deus.

Em suma, defrontar-se com ex-formandos egoístas, acomodados, incapazes de se fazerem solidários com os pobres e marginalizados, retraídos em seus mundinhos e manias, pode se tornar uma grande frustração para um formador, após longos anos de dedicação à tarefa de formar os novos membros do corpo apostólico de sua congregação. Na direção contrária, quanta alegria lhe dão os ex-formandos exemplares na disponibilidade comunitária e apostólica, incansáveis no serviço aos irmãos, repletos de ideais e projetos de grande fôlego, sempre prontos a perdoar e a refazer os laços rompidos, sobretudo, sendo testemunhas inabaláveis de fé e cultivadores de uma espiritualidade consistente, inteiramente plasmada com o Espírito de Jesus de Nazaré. Também lhe darão alegria aqueles ex-religiosos a quem deu o melhor de si para formá-los, enquanto estavam na congregação, e agora vivem sua fé batismal na vida matrimonial e noutros projetos, sendo exemplares no testemunho dos valores evangélicos.

9. Atitudes resultantes do processo formativo mistagógico

Enquanto mistagógica, a formação tem em vista motivar os formandos a encarnar um modo de ser e de proceder bem específico. Esse será um caminho para Deus. Eis algumas dessas posturas:

- Estilo de vida ancorado na fé, alicerçado por uma espiritualidade. Essa meta é alcançada pela adesão aos valores evangélicos, que transcendem o meramente humano nas motivações e na visão da realidade. Por esse viés, o religioso vê-se impelido a fazer sempre e em tudo a santíssima vontade de Deus.
- Clareza na vocação para a congregação que o acolheu. Trata-se da convicção quanto ao chamado de Cristo para segui-lo num caminho específico. A pertença à congregação, vista dessa forma, supera a dimensão socioeclesiástica e se reveste de mística com fundamento teológico.
- Identificação afetiva com a congregação como sua família, alegrando-se com o que tem de positivo, sofrendo com seus limites e colaborando corresponsavelmente para superá-los com seu exemplo e atitudes construtivas.
- Compreensão da inserção congregacional como compromisso pessoal com o Cristo e sua missão de servidor do Reino, animado por uma mística de doação e oblatividade. Tal perspectiva cristológica permite vislumbrar a pertença à congregação para além da dimensão institucional e a eventual tentação de buscar vantagens (segurança, conforto, oportunidades) oferecidas aos membros, com o pressuposto de se sujeitar a certas regras.
- Conhecimento e adesão livre ao projeto de vida congregacional, expresso nos documentos fundacionais e outros, abraçado como proposta razoável

de vida evangélica, dom do Espírito para a Igreja. Supera-se assim a tentação de aderir seletivamente ao estilo de vida da congregação, segundo interesses pessoais, optando-se pelo que é mais cômodo ou convém aos interesses do religioso, numa evidente deturpação do carisma original.

- Disposição para a prática do discernimento espiritual como busca da vontade divina, feito com liberdade interior, pautado pelos valores do Reino. Será um caminho seguro para se precaver contra a absolutização de elementos secundários, em detrimento do essencial.
- Dinâmica do "mais", pelo esforço de, em tudo, amar e servir com radicalidade, confiando na força do Espírito, embora se reconheçam as limitações pessoais e institucionais. A consagração implica uma ruptura com os critérios e comportamentos prevalentes no mundo, pela vida no Espírito, evangélica e contracultural. Esse estilo de vida apela para a abnegação e a ascese, a luta contra os afetos desordenados e o sacrifício dos projetos individualistas.
- Desejo sincero de colaborar com os irmãos na vivência do Evangelho e de se preparar bem para essa missão, servindo-se com responsabilidade dos meios e oportunidades oferecidos pela congregação.
- Gratuidade e generosidade expressas nas relações interpessoais com os confrades e as coirmãs, bem como no compromisso apostólico, movido pelo desejo de consagrar as melhores forças, no dia a dia, em favor do outro.

- Confiança nos superiores e formadores em atitude de acolhida e apreço por suas orientações, na convicção de que procuram ajudar os formandos a caminhar com renovado empenho nos caminhos para Deus.
- Prontidão para prestar contas de seus atos, quando for o caso, com responsabilidade e adultez, sem hipocrisia ou artimanhas.

***

Quem recebe a missão de formador na VRC deve estar consciente de suas implicações. Não pode ser uma tarefa confiada a desavisados! Entender a formação como mistagogia mostra-se altamente acertado. Essa consciência de base oferece parâmetros objetivos para se articular uma pedagogia da formação. Tudo quanto potencializar o formando em sua caminhada para Deus será valorizado e integrado. Os elementos perturbadores dessa dinâmica serão deixados de lado. Os encarregados da formação, ao se reconhecerem mistagogos, abraçarão a missão com a consciência de serem colaboradores da obra de Deus no coração de cada um dos que foram entregues à sua responsabilidade.

III FORMADORES MISTAGOGOS: A PARTICIPAÇÃO NA OBRA DE DEUS

A pedagogia da formação exige que os formadores tenham consciência de sua identidade específica, além de clareza quanto à especificidade da VRC e uma correta concepção do que seja a formação. Os riscos de confiar o acompanhamento da caminhada formativa a franco-atiradores, a pessoas despreparadas ou inábeis são previsíveis. Por isso, ter algumas balizas para a escolha de pessoas a quem incumbir a tarefa da formação mostra-se altamente recomendável.

1. Pinceladas sobre a realidade

O processo formativo de quem almeja fazer parte de uma congregação e dos recém-ingressados tem como responsáveis os chamados formadores. Essa terminologia remete às explicações dadas anteriormente, ao se falar de Deus como o primeiro e autêntico formador, seguido dos próprios formandos. Quem carrega o título de formador na VRC ocupa a terceira posição. Assim será entendido o vocábulo "formador".

A grande maioria das congregações vê-se obrigada a improvisar formadores por variados motivos: o corpo apostólico congregacional é muito reduzido e fragilizado; poucos se dispõem espontaneamente a assumir tal encargo;

quem se oferece por livre iniciativa nem sempre tem o perfil adequado ou se desaconselha por lhe faltar elementos básicos; não foram preparados novos formadores; determinado formador foi retirado às pressas de sua função para se encarregar de outra e não se tem de imediato quem o substitua. Raras são as congregações que podem dar-se ao luxo de ter um número suficiente de formadores, bem preparados para a função, de modo a se verem livres da obrigação de improvisar.

A necessidade de haver encarregados das várias etapas da formação pode exigir de certas pessoas assumirem o encargo a contragosto, às vezes, por força da obediência, pois a congregação carece de quem se responsabilize pelo acompanhamento dos formandos. Em casos extremos, há formadores que dizem, com todas as letras, aos formandos: "Assumi esta tarefa porque o superior me pediu. Por mim, estaria bem longe daqui!". Ou: "Estou contando os dias para deixar a casa de formação!". Os efeitos perniciosos sobre os formandos dessas e de outras posturas semelhantes virão na certa.

Outros abraçam com alegria a incumbência de formador, mas lhe faltam qualidades mínimas para o bom desempenho da missão. Boa vontade não basta! A disposição inicial positiva constitui-se em pressuposto. Todavia, o formador deverá possuir uma base humana e cristã suficientemente sólidas que lhe permitam dar passos e crescer em competência.

Por fim, muitos, embora conscientes de não ter aptidão para o ofício, abraçam a incumbência de formador com garra e procuram desempenhá-la da melhor maneira possível, esforçando-se para estar à altura da missão recebida. A preocupação com a formação e o crescimento pessoais farão deles verdadeiros companheiros de caminhada dos formandos.

2. O perfil mistagógico do formador

A condição de mistagogo deve ter primazia na consciência do formador e lhe servir de guia. Em última análise, sua ocupação consistirá em acompanhar os jovens na caminhada para Deus, à luz do carisma específico da VRC; fazer-se companheiro de quem dá os primeiros; colocar-se a serviço da obra de Deus no processo de plasmar o coração dos formandos pela oblatividade e pela misericórdia; colocar-se como instrumento apropriado nas mãos de Deus para o serviço da graça na história dos formandos.

A mistagogia pretende dos formadores:

- Estarem decididamente comprometidos numa caminhada para Deus. Caso contrário, faltar-lhes-á chão para compreender a ação misteriosa de Deus no coração dos que lhes foram confiados. Essa percepção resulta de uma certa afinidade espiritual entre formador-formando: o formador dá-se conta da ação de Deus no formando, ao percebê-la em si mesmo.

- Favorecerem a transparência dos formandos, pela prática da transparência espiritual no trato com eles. A transparência do formador pode motivar o formando a ser igualmente transparente. Quanto maior a transparência do formando, tanto mais o formador estará em condições de ajudá-lo. Formandos fechados e bloqueados inviabilizam a tarefa mistagógica do formador. Ao revés, o formador fechado e bloqueado jamais será mistagogo, embora o formando se esforce por ser transparente.

- Buscarem a metodologia mais apropriada para potenciar a dinâmica de abertura dos formandos para Deus e receptividade de sua graça. Mesmo na eventualidade de terem em mãos projetos formativos bem elaborados, deverão ser capazes de adaptá-los às necessidades de cada formando, considerando os passos consolidados no caminho para Deus.

3. Ser formador em tempos de aceleradas transições

Os formadores defrontam-se com a realidade da formação numa fase da história em que as mudanças de época já não seguem o ritmo lento do passado. Todo tempo tornou-se tempo de mudança, de modo a correr o risco de se tornar superado e defasado quem se apega a determinadas ideias ou esquemas, a ponto de absolutizá-los. Na cultura do descartável, as coisas têm prazo de validade muito curto. A prática do discernimento permite distinguir entre o efêmero e o perene, aquilo de que se pode abrir mão e o que não é negociável. Mesmo o perene e inegociável não pode ser petrificado, por ser carregado do Espírito que constantemente renova a face da terra.

O Concílio Vaticano II provocou uma autêntica revolução numa VRC acomodada, retraída e avessa ao mundo. Os primeiros tempos pós-conciliares foram de insegurança e desconstrução. Tempos turbulentos de deserções em massa e esvaziamento dos conventos! Apesar de não se poder falar em tempos tranquilos, pois persistem as tensões ao interno das congregações, alguns passos foram consolidados, na esperança de não haver retrocesso, e sim que novos passos sejam dados.

Alguns elementos de mudanças podem ser elencados:

- Os esquemas rígidos e imutáveis de formação foram postos de lado, exigindo-se a busca contínua de pedagogias maleáveis, adaptáveis às muitas circunstâncias. O estático deu lugar ao dinâmico; o repetitivo, à criatividade. Certos grupos estão cometendo o equívoco de ressuscitar e relançar práticas da VRC há muito tempo em desuso. A história já provou sobejamente sua inutilidade!

- Os formandos antes tratados como "massa", sem individualidade, exigem respeito à sua dignidade de seres humanos, sujeitos de deveres, sim, mas também de direitos. Já se foram os tempos em que os formadores faziam dos formandos "gato e sapato". Entretanto, os polos perigosamente se inverteram: existem formandos dispostos a fazer dos formadores "gato e sapato". Ambas as situações são inconvenientes, exigindo que se evitem as polarizações.

- Os formandos provinham de famílias com estruturas, pelo menos, aparentemente, estáveis. Algumas congregações exigiam, para receber um candidato, que fosse de família civil e religiosamente constituída. As portas estavam fechadas para quem não se enquadrasse nesse quesito. A realidade agora é outra: muitos candidatos provêm de famílias desajustadas e carecem da formação humana, antes recebida no âmbito familiar; há quem não conhece os pais biológicos e por isso vive em profundos conflitos; outros sofreram violência por parte dos pais ou de familiares, inclusive abuso sexual, e são traumatizados. E quando começarem a chegar os filhos das novas configurações familiares: adotados por casais homoafetivos, gerados por inseminação artificial, sem a necessidade de um pai identificado, ou filhos de alguém que se serviu de barriga de aluguel, sem necessariamente ter uma esposa? Que pensar de uma eventual vocação transgênero: alguma congregação o/a aceitaria? Em caso positivo, seria aceito/a na congregação com o gênero biológico ou o gênero adotado? Temas que no passado os formadores jamais poderiam imaginar poderão se tornar frequentes "no tempo que se chama hoje".

- Existia e infelizmente, em algumas circunstâncias, ainda permanece a tendência a formar os novos religiosos visando às obras apostólicas da congregação. A observação dos formandos centrava-se na descoberta de suas aptidões e interesses, em vista de se decidir onde encaixá-los de acordo com as necessidades dos colégios, dos hospitais, das obras sociais e das muitas frentes apostólicas da congregação. Embora de maneira velada, o formando era tratado como futura mão de obra gratuita e confiável da congregação. A realidade parece agora ir noutra direção, pelo menos, como tendência. Procura-se levar em conta os dons e qualidades do formando, perguntando-se onde poderão ser mais bem aplicados no serviço ao Reino. A resposta pode apontar para algo da congregação, sem descartar engajamentos em atividades fora do âmbito estritamente congregacional, em projetos intercongregacionais ou mesmo em parcerias com ONGs. Importa ajudar o religioso a abraçar a missão que Deus tem para ele, seja ela qual for.

- A VRC experimentou enorme evolução, quando deixou de autocompreender-se como opção pela *fuga mundi* e partiu para a inserção entre os empobrecidos. Embora persistam resquícios da antiga mentalidade, ninguém, em sã consciência, pensará que os altos muros dos conventos consigam manter os religiosos afastados das influências mundanas. Já no passado o mundo estava dentro dos conventos e dos mosteiros mais do que se imaginava. A mudança de lugar geográfico da VRC corresponde à resposta concreta aos apelos do Evangelho, no sentido de colocá-la no lugar que foi o de Jesus: entre os pobres e marginalizados. Por outro lado, o progresso tecnológico abriu para a humanidade as portas do mundo virtual, do qual dificilmente se pode escapar. Essa nova realidade coloca para a formação na VRC problemas impensáveis até pouco tempo. Uma pequena máquina, os modernos smartphones, permite-nos carregar o mundo no bolso!

- A ideia de intercongregacionalidade corresponde a um dos muitos desdobramentos da transição provocada pelo Vaticano II e se torna um apelo incontornável. A tendência das congregações consistia em se fechar em si mesmas, à margem da solidariedade com as demais e do esforço de pensarem projetos compartilhados. A grande quantidade de membros e de frentes apostólicas permitia-lhes fecharem-se em seu mundo, numa espécie de seita. As circunstâncias já não permitem tal "luxo". A realidade agora é bem diferente! A cultura atual valoriza o trabalho em rede para levar adiante projetos compartilhados, em vista de se alcançar objetivos comuns. Uma congregação que se feche, recusando-se a caminhar em comunhão com outras congregações, perde a chance de alargar seus horizontes de atuação e de multiplicar os frutos de sua ação evangelizadora.

- As transições dos últimos tempos colocaram a VRC numa espécie de "exílio", em que as incertezas do futuro aprofundam-se; os cenários de Igreja e de sociedade mostram-se desfavoráveis para quem se dispõe a viver sua consagração com honestidade; os leigos assumem sua identidade e missão com mais consciência, ao passo que os religiosos cada vez menos são capazes de definir a própria identidade e missão; as vocações à VRC escasseiam, enquanto o número de idosos, de doentes e de falecimentos aumenta; torna-se difícil compor as comunidades, por falta de gente; as obras apostólicas são confiadas a leigos, nem sempre afinados com o carisma e a espiritualidade da congregação; o novo clero parece desconhecer e desmerecer o valor eclesial da VRC e, por isso, recusa-se a inserir especialmente as religiosas na vida paroquial. Enfim, a VRC encolhe-se na direção do centro, com o fechamento sistemático das comunidades de inserção nas periferias e nos interiores.

Esses poucos indicadores bastam para sinalizar a transição experimentada pela VRC no pós-concílio. Uma leitura mais atenta da realidade, com certeza, apontará muitos outros. Importa deixar de lado definitivamente a mentalidade petrificada de outrora. O mundo está em contínua e acelerada mutação. Donde ser prudente os formadores se colocarem à escuta do Espírito, num esforço sincero de perscrutar os sinais dos tempos, pelos quais Deus interpela cada religioso e cada congregação e lhes revela o rumo a tomar. Todo tempo torna-se tempo de mudança para quem se deixa dinamizar pelo Espírito que continuamente "renova a face da terra".

4. Delineando a figura do formador

Convém esboçar a figura do formador, mesmo com o risco das idealizações. Quando se trata de pensar uma pessoa a quem confiar o acompanhamento das novas vocações, ter em mãos algumas pautas pode ser de grande valia. Em todo caso, desaconselha-se agir "ao deus-dará", caindo na armadilha da improvisação. Pessoas que se oferecem, às vezes com insistência, quiçá devam ser dissuadidas. O expediente recomendado consiste em buscar no corpo apostólico congregacional pessoas que estejam à altura da responsabilidade. As reações são previsíveis: "Não existem pessoas com capacidade para assumir a formação e que se disponham a deixar uma pastoral assumida com tanto êxito para se dedicar a um punhado de formandos". Ou, então, "Quem realmente está preparado para essa tarefa?". Nessa hora, o amor pela congregação e seu carisma devem falar mais alto, pois, sem novas vocações bem formadas, a congregação corre sérios riscos, até mesmo o de desaparecer. Assim, quem reconhece a relevância socioeclesial de sua congregação se disporá a abrir mão de projetos pessoais bem-sucedidos para abraçar a tarefa de formar as novas gerações do corpo apostólico ao qual pertence.

Eis alguns tópicos, apresentados sem ordem de importância, a serem considerados ao se escolher alguém para a tarefa de formador:

- Seja um religioso bem inserido no corpo apostólico da congregação, a qual ama, com suas virtudes e defeitos, vivendo feliz por contar com tantos irmãos, companheiros no serviço do Reino de Deus. Essa sintonia profunda com o projeto congregacional, vivida com sinceridade e ardor missionário, será transmitida aos formandos que dão os primeiros passos.

Torna-se arriscado colocar a tarefa da formação nas mãos de religiosos com histórias de conflito com a congregação; criadores de tensões e crises por onde passam;

estão mergulhados em crise vocacional, inseguros quanto à permanência ou não na congregação. Aconselha-se manter tais religiosos bem afastados das casas de formação, já que a presença deles será altamente nociva.

- Seja uma pessoa alegre, "de bem com a vida", realizada em sua vocação, esforçando-se para vivê-la com fidelidade, segura de que a VRC se configura como caminho de realização pessoal e motivo de felicidade. Como pressuposto está o desejo de ser um cristão bem humanizado, ou seja, alguém de profunda fé, expressa no trato misericordioso e compassivo com o próximo. Essa pode ser considerada a carteira de identidade do formador digno desse nome. Aqui está o ponto de partida da tarefa formativo-mistagógica.

Existem muitos tipos de pessoas automaticamente excluídas da tarefa formativa. Entre eles, os frustrados, revoltados, depressivos, tristes, traumatizados, esquisitos, irritadiços, maníacos e personalidades afins. Esses tenderão a contaminar os formandos com seus desequilíbrios, a ponto de inverter a dinâmica e transformar a formação em deformação.

- Disponha-se a assumir a tarefa formativa como missão, convicto de preparar servidores do Reino, consagrados a serviço dos irmãos. Sinta a alegria de viver com os formandos e ajudá-los a crescer humana e espiritualmente. Esteja livre e desapegado de seus projetos pessoais, e se mostre capaz de enfrentar desafios, sempre esperançoso e otimista. Queira se dedicar à missão de formador, dando-lhe o tempo necessário, muito atento para evitar a dispersão ou sobrecarga com outras tarefas.

Fique de fora quem assume a função de formador por obrigação e se comporta como funcionário, desprovido de entusiasmo. Pior ainda: declara abertamente contar os dias para ser liberado e "poder fazer coisas que valem a pena". Excluam-se, também, os que entendem a formação como preparação de mão de obra para as frentes apostólicas da congregação, à margem da preocupação com o Reino e o povo de Deus.

- Disponha-se a querer bem a cada formando, esforçando-se por conquistar-lhe a confiança e a amizade sincera, ao se interessar por seu desenvolvimento integral, espiritual e humano. Cultive a acolhida e a escuta paciente e ponderada. Dê mostras de afeto sincero e maduro a cada formando, com quem estabelece relações transparentes. Ao conhecer os formandos que lhe são confiados, busque criativamente os melhores meios de ajudá-los e descortinar-lhes horizontes.

São desqualificados para a tarefa da formação os religiosos afetivamente perturbados, grosseiros, autoritários, explosivos, impacientes, gente de "pavio curto". Igualmente prejudiciais são os que tendem a formar "panelinhas" com os protegidos, e gostam de ser rodeados por seus "peixinhos".

A formação na Vida Religiosa Consagrada

- Conheça bem o carisma da VRC, com seus desafios e possibilidades. Esteja livre da ingenuidade de considerar a VRC como "estado de perfeição" superior ao matrimônio, ou de repetir velhos chavões e slogans a respeito da sublimidade da VRC. Exige-se que possua um conhecimento realista da VRC, enquanto projeto de seguimento do Senhor, sem ilusões nem atenuantes. Em outras palavras, a VRC pé no chão, "sal da terra", "luz do mundo", "fermento na massa".

Excluam-se os saudosistas e desesperançados, apegados a um passado definitivamente superado, mas sempre evocado: "[...] no meu tempo de formando [...]", como se tivesse sido maravilhoso e se devesse recuperá-lo, para pôr ordem nos desmantelos do momento. Fixam-se no que a VRC tem de negatividade e infidelidade, e fecham os olhos para seu lado positivo. São os formadores pessimistas e contraditórios, que negam sua vocação de criar no coração dos formandos a esperança abraâmica que os leva a "esperar contra toda esperança".

- Dê mostras de ter uma mente aberta, arejada, compassiva, compreensiva, acolhedora, dialogal. Caracteriza-se pela bondade e pela misericórdia. Em poucas palavras: seja alguém profundamente humano! Jamais um formador pecará por excesso de humanidade, de compaixão e de acolhida. No futuro, quando um ex-formando se referir a ele, estando ou não na congregação, com toda certeza, recordará seus gestos de humanidade, feitos de simplicidade, bondade e verdade, brotadas do íntimo de uma existência humanizada pelo amor.

Tais posturas não são cultivadas por pessoas demasiado rígidas, rigoristas, legalistas, preconceituosas, impositivas, donas da verdade. Pessoas carentes de compaixão, capazes de submeter os formandos a regimes tremendamente severos e a situações vexatórias, quando são complacentes consigo mesmas e seus erros. Todavia, ter uma mente aberta e arejada está longe das posturas modernosas – formadores desbocados, vulgares, sem senso do ridículo –, e das posturas moderninhas – formadores high techs, informados sobre as últimas novidades de coisas inúteis, frequentadores de ambientes requintados, cultivadores de hábitos burgueses, despreocupados com as pautas do *ethos* cristão.

- Possua certa bagagem acadêmica, cultural, teológica, espiritual, psicológica. E se esforce para crescer sempre mais. A falta desses elementos gera o perigo de se oferecer uma formação desprovida de senso crítico, onde se valorizam esquemas antiquados, inúteis para a realidade dos formandos. Será preciso um considerável investimento de tempo e dinheiro para a aquisição desse substrato intelectual e humano, em que se entrecruzam experiência e reflexão. Agir sem discernimento e se contentar com as teorias dos livros e dos cursos sem partir para a ação são duas realidades igualmente desaconselháveis. O estudo teórico-acadêmico somado à experiência refletida constitui-se no melhor caminho para a formação do formador.

Será perigoso contar, no âmbito da formação, com pessoas acentuadamente limitadas em termos acadêmicos e intelectuais, a quem falta a capacidade de refletir, de maneira profunda e crítica, sobre a complexa realidade na qual a formação acontece. Pessoas ingênuas, acríticas, influenciáveis e facilmente cooptáveis devem ser evitadas.

- Tenham um coração de pobre e aberto para os empobrecidos, os marginalizados, as "massas sobrantes" de nosso mundo, caminho de configuração com o Mestre Jesus de Nazaré. Formadores que abraçam a pobreza e se fazem amigos dos pobres tendem a marcar profundamente os formandos, numa linha de espiritualidade evangélica. E se tornam inspiração para a vivência do discipulado cristão.

Evite-se confiar a formação a religiosos com mentalidade burguesa, capitalista e neoliberais, empresários do sagrado e do religioso, desprovidos de misericórdia. Esses atuarão como deformadores, ao afastarem os formandos do ideal evangélico alicerçado no serviço, na partilha, no cuidado compassivo com o próximo. Caso o formando se depare com um formador que contratestemunhe o Evangelho, poderá estar fadado ao fracasso no que tange à formação como mistagogia.

- Saiba valorizar e dar tempo ao lazer e aos momentos informais de descontração e gratuidade. As muitas tarefas da formação não consumam todo o seu tempo, a ponto de impedi-lo de vislumbrar algo fora desse universo. Como formador, deverá incentivar uma vida saudavelmente ativa, da qual a dimensão lúdica faça parte.

Não seja atribuída tarefa de formador aos *workaholics*, viciados em trabalhar, que não pensam senão em trabalho e insistem em contaminar com tal conduta os formandos. Mas também a quem se dá ao luxo da ociosidade e está muito ocupado em fazer nada.

O atual cenário das congregações religiosas mostra-se preocupante quando se trata da escolha de pessoas suficientemente maduras a quem confiar a tarefa da formação das novas vocações. A prudência recomenda a não entregar os formandos a pessoas desqualificadas. Busquem-se, pelo menos, aquelas que tenham um pouco de cada um dos tópicos referidos. Com essa base positiva, boa vontade e esforço, coadjuvados pela graça, poderão tornar-se instrumentos nas mãos do Senhor, mediações da ação divina na obra de plasmar o coração dos novos religiosos.

5. Formador: um religioso em processo de formação

O formador consciente e responsável assume sua condição de ser humano em construção, inacabado. Como os formandos, experimenta a ação divina que continuamente o cria e o recria. Diferentemente deles, todavia, deverá ter dado passos significativos e feito um percurso consistente no caminho para Deus. Além de ter alcançado um patamar de maturidade humana e espiritual que o permite estender a mão e ajudar os irmãos recém-chegados.

O tempo corresponde a um fator importante no processo de maturação. Entretanto, por si só, não garante a evolução no caminho iniciado. Um religioso pode se manter no mesmo nível insatisfatório de madurez após longos anos de consagração, caso não tenha superado os elementos negativos de sua personalidade ou as marcas dolorosas do passado. A realidade mostra que pessoas com menor idade cronológica podem atingir níveis mais elevados de maturidade do que pessoas mais velhas. No caso da formação, importa estar inserido numa dinâmica de crescimento em todas as fases e momentos da vida, se bem que não seja aconselhável delegar a tarefa de formador a religiosos muito jovens.

Na relação entre formador e formando, podem-se encontrar formandos com pouca idade cronológica e recém-ingressados na VRC, no entanto, mais maduros e equilibrados que seus formadores. Na eventualidade de o formador ser inábil para a missão formativa, essa situação poderá se tornar comum. Mas isso poderá acontecer, até mesmo, com formadores competentes. Coloca-se aqui um desafio: evitar a mediocrização do jovem religioso, exigindo que dê passos para trás, até atingir um estágio inferior à maturidade do formador. O formador lúcido será suficientemente humilde para crescer no trato com os formandos com maturidade superior à dele.

O exercício do papel de formador tem forte efeito formativo para quem está aberto para crescer no contato com os formandos, seus problemas e desafios, mediação de autoconhecimento. A realidade do formando torna-se espelho de sua realidade pessoal. Por outro lado, o exercício do diálogo e a abertura para se deixar corrigir pelos formandos, correção fraterna, são de extrema valia para o crescimento do formador, pois o impede de se esclerosar. Pressupõe-se a virtude da humildade para compreender que o formando tem o direito, e até mesmo a obrigação, de corrigir o formador, para ajudá-lo a crescer e a superar suas limitações, da mesma forma que o formador tem o dever de corrigir o formando.

As desculpas para se escapar dessa experiência podem ser muitas: "os formandos não têm maturidade para me corrigir!"; "dar chance ao formando para corrigir o formador é uma faca de dois gumes: o formando poderá perder o respeito pelo formador"; "a função do formador é a de corrigir; a obrigação do formando é a de se deixar corrigir. Inverter os papéis prejudica a formação". Quem se fecha em torno desses argumentos perde chances preciosas de dar passos e de amadurecer. Deus pode servir-se de um formando como mediação de sua preocupação pelo formador. A correção, nessas circunstâncias, deveria ser acatada como Palavra de Deus.

6. Ser formador: um dom, uma arte

Ninguém ingressa na VRC predestinado a se tornar formador. O normal é encontrar religiosos reticentes em face da possibilidade de assumir essa missão, por se considerarem despreparados, inaptos ou desinteressados. Por serem as congregações corpos apostólicos e necessitarem de pessoas encarregadas de tarefas internas, como é o caso da formação, exige-se haver quem se disponha a assumi--la. Recorrendo-se aos dons e talentos pessoais e dispondo-se a se preparar para o exercício da missão de formador será possível desempenhá-la com espírito evangélico, com a consciência de estar nas mãos de Deus os frutos de seu trabalho.

Todo formador tem qualidades inatas, que se somam às habilidades adquiridas por meio de experiências ou no processo continuado de formação pessoal. Trata-se, no entanto, de evitar dois extremos: superestimar ou subestimar os carismas pessoais. Ambas as atitudes tornam o formador inconveniente para o formando. Quem se superestima, tende a ser arrogante, a menosprezar as potencialidades alheias, a querer se impor. Quem se subestima, ao se considerar uma nulidade, sente-se incapacitado de oferecer ajuda proveitosa ao outro, pois continuamente suspeita de si mesmo e põe em dúvida os próprios talentos. Muitas vezes, são pessoas cheias de habilidades, todavia, incapazes de reconhecê-las. Daí a tendência a se desvalorizarem e se sentirem desqualificadas para a tarefa formativa.

O ideal consiste em os formadores terem uma imagem de si mesmos o mais objetiva e verdadeira possível: sem se subestimar, tampouco se superestimar. Todo ser humano carrega consigo potencialidades e deficiências: pode ser bom em algumas coisas e incompetente noutras; ter o domínio de certos campos e desconhecer outros;

desempenhar com sucesso determinadas incumbências e carecer de ajuda em outras. Assim são os formadores! Daí a conveniência de passarem essa convicção aos formandos, para motivá-los a construir uma imagem realista de seus formadores.

A consciência objetiva de si previne o formador de eventuais crises de frustração. Sempre agirá convencido de suas habilidades e reconhecendo suas lacunas, sem o receio de pedir a colaboração dos formandos no que tem de limitação. E o fará com toda simplicidade! O sentimento de gratidão pelos dons recebidos a serem colocados a serviço dos formandos será seguido pela gratidão pelos dons concedidos aos formandos, dos quais pode se beneficiar.

Pedagogia e didática são imprescindíveis na tarefa formativa. O formador pode ter excelente bagagem teológico-espiritual e estar disposto a colocá-la a serviço dos formandos. Todavia, se lhe falta habilidade para isso, a intenção irá por água abaixo. Cada contexto exigirá do formador intuir a pedagogia e a didática mais convenientes para os formandos. Um caminho poderá ser a busca de inspiração em propostas bem-sucedidas de outros formadores, sempre fugindo da tentação de copiá-las e repeti-las de maneira mecânica. Quando o formador encarna a pedagogia e a didática usadas no processo formativo, tudo quanto faz flui de dentro de si de maneira natural e espontânea; age com muita naturalidade e espiritualidade; mostra-se maleável e interessado em conhecer novas formas de conduzir o processo formativo; conserva o espírito de otimismo e de esperança defronte dos fracassos. O crescimento didático-pedagógico na formação decorre do empenho dos formadores, mesmo os dotados de dons naturais nessa área.

A conjunção de dom e arte possibilita ao formador desempenhar sua tarefa com profissionalismo, isto é, bom nível de competência. Entretanto, muitos formadores mostram-se incompetentes para o serviço da formação, com grande dano para os formandos, por lhes faltar o dom ou a formação apropriada. Desvios de personalidade dos formandos passarão despercebidos ou não receberão o devido acompanhamento, de forma a truncar-lhes o processo formativo. A inaptidão poderá se mostrar como imaturidade para estabelecer um diálogo franco e aberto com o formando. Ou, então, no uso indiscreto de informações obtidas na condição de orientador de consciências. A falta de idoneidade pode levar o formador a se envolver emotiva ou afetivamente com o formando ou a se enredar em processos inconscientes de transferência.

A arte de ser formador pode ser muito incrementada com a participação em cursos especializados ou com leituras bem selecionadas. Sem embargo, nada substituirá o esforço do formador de se lançar de corpo e alma na missão, convencido de se tratar de um processo existencial que não pode restringir-se ao esforço intelectual de assimilar conteúdos atualizados e se apropriar dos métodos da moda. A arte de ser formador aperfeiçoa-se no exercício mesmo da formação, na convivência diuturna com os formandos e suas idiossincrasias. Em sendo formador, ele mesmo aprenderá a sê-lo. Ao refletir sobre o caminho andado, intuirá os melhores passos a serem dados. O trabalho na formação constitui-se num espaço fecundo onde se encontra em ininterrupto processo de autoconstrução. Nisso se aprimora na arte de ser formador!

7. Ser formador: missão de todo religioso

As congregações destinam alguns religiosos para o acompanhamento da formação de seus novos membros e organizam equipes para a coordenação das casas de formação, nas diferentes etapas. Porém, todos os religiosos, indistintamente, devem se conscientizar do papel que lhes cabe no processo formativo dos recém-chegados.

Os novos religiosos devem receber o apoio e o incentivo dos religiosos veteranos, que lhes servirão de referencial. Ao conviver com eles, poderão sentir-se estimulados a seguir adiante, seguros de valer a pena consagrar a vida na congregação pela qual optaram. De certo modo, os veteranos lhes servirão de espelho em relação ao que poderão ser no futuro. Pense-se aqui nos religiosos felizes, realizados, de bem com a vida, seguros de terem feito uma opção correta ao ingressar na congregação, amados pelos coirmãos e pelas pessoas com quem tiveram e têm contato, repletos do desejo de sempre amar e servir. Pelo contrário, a prudência aconselha manter longe das casas de formação os religiosos ranzinzas, frustrados, encrenqueiros, mal-amados, complicados, escandalosos, pessoas que dão contratestemunho. A influência dessa gente poderá ser maléfica para os iniciantes.

Cabe aos veteranos incentivar os jovens a seguir adiante com coragem e generosidade, descortinar-lhes horizontes de ação pastoral e de crescimento pessoal, mostrar-lhes novas possibilidades de servir os pobres. E, também, introduzi-los, com paciência, no corpo apostólico congregacional, conscientes de que serão seus sucessores. Situação deplorável consiste em se defrontar com religiosos veteranos a hostilizar ou desprezar os principiantes, recusando-se a lhes abrir espaço por estarem apegados a seus cargos, funções e *status*, como se os novos lhes fossem uma ameaça. Essas posturas, persistentes nas congregações, urgem ser deixadas de lado. Quem entrevê algum futuro para a sua congregação, recusa-se a agir assim. E se mostrará amigo e acolhedor com as novas vocações, a quem motivará a seguir adiante, com a convicção de terem feito uma escolha acertada.

Os veteranos não podem furtar-se à tarefa de corrigir os jovens religiosos, na eventualidade de se comportarem de maneira incompatível com o carisma congregacional. Com profunda caridade fraterna, deixando de lado a arrogância, a intolerância, a rigidez! Existem religiosos veteranos que têm reservas em relação a determinados comportamentos das novas gerações. Todavia, ao invés de falar diretamente com o faltoso e dialogar com ele, o incomodado manifesta sua irritação com outras pessoas ou culpa a equipe de formação pela má conduta dos recém-chegados, e considera tarefa exclusiva dos formadores ou dos superiores chamar-lhe a atenção. Todo religioso consciente de sua condição de formador das novas vocações dispõe-se a confrontá-las em suas incoerências para ajudá-las a adequar seu agir com a espiritualidade da congregação.

Quando o religioso atinge uma idade avançada e conserva a alegria e o bom humor – feliz com sua condição de consagrado –, mantendo viva a chama do ideal que o trouxe à VRC, poderá se tornar um formador de excelente qualidade. Encarna o exemplo consumado de sucesso na caminhada formativa na VRC e de formação bem-sucedida. Aconselha-se destinar para as casas de formação um ou outro religioso provecto dessa estirpe, pela possibilidade de fazer um enorme bem a quem dá os primeiros passos na congregação. Será grande a chance de plasmar a personalidade de consagrados novos com seu testemunho de vida.

Os religiosos, em geral, resistem em assumir sua condição de formadores. Tendem a considerar a tarefa formativa como exclusividade dos superiores e de quem recebeu esse encargo particular. Seria um equívoco capitular em face dessa realidade. Apesar disso, será preciso continuamente convencer todos os religiosos de sua responsabilidade com a formação e da parcela que lhes cabe na tarefa de formar os novos irmãos de caminhada.

***

A descrição da identidade do formador e sua missão pode causar calafrios em quem recebeu a missão de acompanhar as novas vocações à VRC. Contudo, caso possua um pouco de cada virtude e esteja disposto a se capacitar para o exercício da missão, não terá motivos para temer. A consciência de colaborar com a obra divina no coração dos formandos motivá-lo-á a se tornar instrumento sempre mais apto nas mãos de quem, em primeiro lugar, atua como formador: Deus. O testemunho de humanidade, encarnado nos gestos de bondade e de amizade, constitui-se na mais eficaz pedagogia em vista de plasmar o coração dos formandos com o ideal da VRC.

IV O FORMADOR MISTAGOGO NO TRATO COM OS FORMANDOS

A mistagogia apela ao formador buscar as posturas mais adequadas na convivência com os formandos, pois lhe compete a missão de conduzi-los nos caminhos para Deus. Tarefa delicada quando se pensa tratar-se de lidar com liberdades, ou seja, com o mistério do ser humano. Cada formando traz em seu íntimo o segredo de sua realidade, de sua história, às vezes, superficialmente conhecido. O processo formativo na VRC terá como meta desencadear uma dinâmica de autoconhecimento, que poderá deixar o formando abismado ao se defrontar com si mesmo. Para ajudá-lo a atingir esse nível de sua verdade, o formador deverá ter muita delicadeza humana e espiritual, em vista de serem evitadas atitudes danosas para o formando e seu diálogo existencial com Deus. Uma palavra mal colocada, uma atitude impensada, uma decisão precipitada, poderão ter efeitos imponderáveis para o formando que se esforça para ser fiel no seu processo de caminhar para Deus.

1. O "material humano" a ser trabalhado

Assim como o formador defronta-se com a urgência de ter uma compreensão de si mesmo, a mais real e objetiva, de igual modo vê-se desafiado a ter uma ideia, a mais real e objetiva, dos formandos. Pensá-los a partir de um denominador comum consiste numa falha de graves consequências. Cada formando e cada grupo de formandos têm suas singularidades a serem levadas a sério na formulação de uma acertada pedagogia formativa. Daí ser indispensável conhecer sempre mais profundamente aqueles a quem se está disposto a ajudar.

Postula-se de quem busca a VRC trazer consigo uma grande disposição para fazer o bem, mormente, aos empobrecidos e marginalizados, e estar em condições de viver em comunidade, partilhando seus dons e seus ideais. Quiçá tenha uma noção vaga do que seja a congregação em que foi aceito, no concreto de seu corpo apostólico e de suas frentes de atuação. Entretanto, a disposição para o serviço aos mais pobres e abertura de coração para a vida comunitária correspondem ao mínimo esperado de quem se reconhece possuidor do carisma da consagração em uma congregação religiosa.

Um dado a ser considerado diz respeito às marcas das juventudes de nossa época, com seus valores e contravalores, assimilados também pelas novas gerações de religiosos. Em todo caso, indivíduos retrógrados, apegados a um passado já superado, cultivadores de antiguidades eclesiásticas, autoproclamados conservadores e semelhantes, devem ser sumariamente evitados nas casas de formação, por remarem na contramão do Espírito Santo que impele a construir história, a seguir adiante rumo a Deus.

Alguns traços dos que buscam a VRC como opção de vida podem ser delineados, com o cuidado de não se deixar levar pelo pessimismo, que considera apenas os aspectos negativos, tampouco pelo realismo negativista, que levanta suspeita a respeito de tudo.

- Provêm de famílias desajustadas, desagregadas ou malformadas, donde a fragilidade da base humana. Muitos desconhecem o pai biológico ou, em alguns casos, a mãe. Experiência traumática! Quando aceitos na VRC, as lacunas familiares tendem a vir à tona e se tornarem evidentes, sobretudo, no âmbito da vida comunitária e na vivência do voto de obediência.
- Possuem insuficiente formação intelectual e acadêmica, à qual tiveram acesso em escolas públicas, cuja precariedade se conhece sobejamente. Muitos concluíram o ensino fundamental e médio com baixíssimo nível de assimilação dos conteúdos transmitidos ao longo de muitos anos. Até mesmo o domínio da língua portuguesa mostra-se deficitário, por lhes faltar o hábito da leitura e da reflexão.
- Carecem de alicerces teológico-doutrinais. Tudo quanto sabem remonta às "aulas" de catecismo, em preparação para a Primeira Eucaristia. Pouco conhecem do projeto cristão com seus apelos para o discipulado do Reino. Sua imagem de Deus está longe de se coadunar com aquela de Jesus de Nazaré. Eventualmente, poderão descobrir a espiritualidade cristã após o ingresso na casa de formação, onde são oferecidas chances de formação teológica. Nesse caso, os formandos, de certo modo, começariam a se tornar deveras cristãos ao ingressar na VRC. Estão longe de conhecer o verdadeiro significado da Eucaristia, cujo sentido lhes escapa inteiramente. São marcados pela percepção do sagrado, da Igreja e da consagração pelo viés da

pós-modernidade e sua maneira característica de interpretar a realidade.

Daí se torna indispensável detectar, o mais cedo possível, que imagem de Deus trazem consigo, qual o horizonte de sua fé, como entendem a Igreja e a VRC, em que grau assimilaram a proposta evangélica e a transformaram em projeto de vida, por quais valores se pautam. No ambiente cultural em que foram educados – fala-se em cultura pós-cristã ou pós-religiosa – grassa o subjetivismo religioso. Uma conversão inadiável torna-se obrigatória para quem se dispõe a abraçar a mistagogia da VRC.

- Batem à porta da VRC pessoas em busca de segurança, num mundo desafiador, no qual as perspectivas de futuro se encurtam sempre mais. As estruturas da VRC podem oferecer segurança, seja pelo estilo de vida bem regrado seja pelas exterioridades, como no caso do hábito. Os altos muros dos conventos, no passado, eram símbolo da proteção dos religiosos perante as investidas do mundo. Ainda que os muros tenham caído, permanece uma certa visão da VRC como algo monolítico e petrificado na mente de quem a procura como tábua de salvação.

- Bebem das fontes da cultura pós-moderna, com tudo quanto tem de individualismo, hedonismo, consumismo, incapacidade de compromissos definitivos. Seu modo de pensar e de se expressar revela-se extremamente fluído e mutante. Longos discursos e reflexões exigentes causam-lhes náuseas.

Devem ser breves e superficiais para lhes interessar. Por estarem acostumados com a linguagem cifrada e abreviada das redes sociais, desconhecem as regras da língua portuguesa e são incapazes de produzir um texto coerente e estilisticamente correto.

- Conhecem muito bem os meandros do mundo virtual e da tecnologia de informação. A tecnologia empolga-os! Formadores de mais idade desconhecem a linguagem dos formandos, quando se embrenham pelos neologismos criados com o aportuguesamento de termos da língua inglesa: *deletar, atachar, linkar, estartar*. E se maravilham ao ver os formandos lidarem com aparelhos sofisticados, de última geração, com a desenvoltura de quem os conhece de longa data. Por nada deste mundo os formandos admitem abrir mão de seus smartphones, laptops, computadores e outras parafernálias eletrônicas. Seguem os youtubers famosos de sua preferência, em cujos canais se inscrevem e, por isso, são continuamente abastecidos com novidades. A comunicação se faz por meio de plataformas digitais, como e-mail, WhatsApp, Facebook, Instagram e outras. Por isso, a comunicação real, face a face, cede lugar à comunicação virtual, onde se dispensa o contato físico.
- Cultivam a vaidade desde muito cedo. São habituados a frequentar as academias e a cultivar o físico. O ideal de ser "fit" (forma abreviada de fitness) motiva-os a usar produtos diets e lights. Como o gênero

tornou-se questão de escolha pessoal, a diferença entre o que vale para homens e para mulheres, em muitas circunstâncias, já não existe. Já não causa estranheza o fato de rapazes cuidarem das unhas, usarem cremes, cortarem o cabelo segundo os padrões da moda, fazerem limpeza de pele, apararem as sobrancelhas. Tampouco usarem indumentárias femininas, como vestidos e saias. Estaria a VRC vedada para jovens marcados por essa cultura? Como agir com um candidato à VRC acostumado com determinadas marcas de xampus ou perfumes e outros produtos de higiene e de beleza, se não estiver disposto a abrir mão deles?

- Assimilaram o narcisismo tão fortemente a ponto de já não se darem conta disso. As redes sociais promovem esse tipo de postura ao supervalorizar as selfies a serem postadas e compartilhadas. As pessoas compulsivas se autofotografam sem parar e se sentem frustradas caso as pessoas com quem está conectada não deem o seu like. Essa espécie de culto à própria imagem produz o resultado perverso de levar as pessoas a viverem numa perigosa autorreferencialidade, com o risco de se isolarem no pequeno mundo do seu eu, em torno do qual tudo deve girar. Como falar de generosidade, oblação, cuidado com o próximo, com quem não está vacinado contra tais tendências e não se esforça para agir com discernimento e liberdade no trato com elas?

- Estão mergulhados na cultura do imediato. Compromissos de longo fôlego ficam descartados. Um modo de proceder típico de crianças e adolescentes, incapazes de levar adiante atividades que demandam tempo, foi assimilado pelos adultos. A VRC pode soar contraditória nesse cenário, por exemplo, ao falar em votos perpétuos. Como exigir compromisso vitalício de quem se acostumou com o temporário, o efêmero, o passageiro, o imediato, mesmo no âmbito de compromissos sérios, como o casamento, a constituição de parcerias e sociedades, a escolha profissional? Certos formadores ficam chocados quando um formando abandona a congregação, pouco depois da profissão temporária ou perpétua, por não se darem conta do "material humano" com o qual estão trabalhando.

- Desmistificaram a sexualidade. Desde muito cedo, têm vida sexual ativa. O sexo "rola" já no primeiro encontro, dispensando-se o esforço do conhecimento mútuo. Vê-se com normalidade o "ficar" com várias pessoas numa mesma noite, à margem de qualquer compromisso. Resolvem a seu modo as carências afetivo-sexuais. O fenômeno da homossexualidade militante criou padrões de relações interpessoais muito distantes dos tradicionais. As possibilidades de expressões da sexualidade são infindas e incontroláveis. Por outro lado, o uso de psicotrópicos e de bebidas alcoólicas supera qualquer limite de idade e de gênero. Colocam-se aqui sérios problemas para a formação, pois é possível haver vocacionados para quem o exercício genital da sexualidade é inegociável, e, assim, assumir um projeto de vida celibatário torna-se demasiado exigente, ou que passaram pela experiência do uso de drogas e carregam as marcas dessa experiência.

- Fizeram experiências de inserção eclesial muito limitadas, quando muito atuando como acólitos ou catequistas. Nada de práticas missionárias, engajamento em pastorais sociais, busca de uma sólida formação teológica, bíblica ou espiritual. Por outro lado, militaram em grupos neopentecostais, com sua cosmovisão e práticas típicas, e não abrem mão delas, antes estão decididos a levá-las adiante. Nesse âmbito, muitos são teleguiados por "gurus", cujos discursos moralistas, dogmáticos e intransigentes impregnam-lhes a consciência, a ponto de ser penoso deixar isso de lado. Os contratempos para inseri-los no processo formativo da VRC se podem presumir.

Esse cenário será muito distinto, num curto espaço de tempo. Do formador exige-se, por conseguinte, grande capacidade de discernimento e muita perspicácia a fim de perceber para onde os ventos sopram e o que corresponde ao querer de Deus. Cada formando, com suas peculiaridades, exigirá do formador ser ágil em encontrar a melhor pedagogia para ajudá-lo a descobrir o rumo certo por onde caminhar. A capacidade de se ajustar às expectativas autênticas dos formandos constitui-se em tópico incontornável para quem assume a tarefa da formação. Cogitar o contrário, que o formando se adeque ao formador, corresponde a um equívoco inaceitável. Daí a relevância do conhecimento do formador em relação ao formando, de quem se faz mistagogo.

2. Personalizando a formação

A maleabilidade faz parte da pedagogia do formador no trato com o formando. Estabelecer pautas rígidas e intocáveis não se recomenda, pois cada formando carrega consigo uma história e tem sua índole a ser valorizada, no caso de possuir uma vocação autêntica. Por isso, uma iniciativa acertada para um grupo pode ser inapropriada para outro. Algo marcante para um grupo, afinal, mostra-se irrelevante para outro. Um programa com boa aceitação para uma turma pode encontrar resistência quando aplicado a outra.

Impor aos formandos programas e métodos a contragosto deles seria desastroso, igualmente, deixar a formação fluir conforme seus gostos. Existe um caminho médio entre deixar a formação entregue aos formandos e transformá-la em irritante imposição. O processo comporta programas, conteúdos e métodos que balizam a formação. Seria insensato decidir reinventá-la, a partir da estaca zero, de acordo com cada nova turma. Ou se cada formador se sentisse na incessante obrigação de criar *ab ovo* programas atualizados de formação adequados para os que chegam.

A formação tem como pressuposto pautar-se por orientações claramente formuladas. Isso lhe dá a devida objetividade, que previne uma série de dissabores, entre eles, a acusação de que o formador se deixa levar por seus gostos e humores. Em se tratando de formação, as preferências do formador carecem de importância, pelo fato de tudo se guiar pelo querer de Deus, enquanto mistagogia. Tem valor o que torna a caminhada mistagógica dos formandos mais relevante. O desafio consiste em adotar posturas flexíveis em que as pautas estabelecidas pela congregação levem em consideração a realidade de cada formando.

A adaptação do programa de formação à conjuntura dos formandos torna-se obra de formadores e de equipes de formação carregados de sabedoria, discernimento e prudência. A experiência lhes permitirá conhecer o grau de maturidade atingido pelos formandos e as metas dos passos a serem dados, bem como optar pelas decisões mais acertadas. Enganar-se na avaliação das reais necessidades dos formandos e do que mais lhes convém pode ter desagradáveis consequências.

Personalizar a formação pede do formador muita maturidade para:

- Superar preconceitos e antipatias, mas também simpatias exageradas em relação a determinados formandos. Os equívocos de avaliação darão origem a escolhas discutíveis no tocante aos conteúdos e às metodologias, visto faltar lucidez e objetividade.
- Não se deixar envolver em processos de transferência e de projeção por parte dos formandos. Essas dinâmicas psicológicas são frequentes nas relações interpessoais. Os formandos podem confundir o formador com a figura do pai e tratá-lo com os sentimentos de dependência ou de rejeição nutridos no relacionamento com os pais biológicos. Na

direção contrária, requer-se a atenção do formador para não tratar os formandos como se fossem filhos ou, no caso dos formadores com mais idade, como se fossem netinhos. O complexo de paternidade e, no caso das formadoras, de maternidade, consiste numa armadilha com a qual os formadores se veem às voltas.

- Evitar a todo custo fazer comparações entre os formandos, por serem muito distintos os processos formativos e cada qual ter a própria história. Comparações descabidas provocam resistência e odiosidade, dificultando a transparência. O formador experiente considera cada formando em sua individualidade e peculiaridade e se recusa a colocá-lo em confronto com os companheiros de caminhada. Promover interatividade e companheirismo, sim; dar motivos para conflitos e hostilidades, não!

- Resistir às pressões dos formandos. Alguns tendem a forçar os formadores para deixá-los passar para a etapa seguinte. Para isso, minimizam suas deficiências e maximizam os pequenos sinais de progresso. Ir de uma etapa a outra sem atingir a maturidade almejada tem se mostrado sobejamente inconveniente. Os problemas se agravam quando não enfrentados e solucionados no devido tempo. Problemas pessoais protelados assemelham-se a bombas de efeito retardado. Quando explodem, tendem a provocar mais danos do que os eventualmente causados se tivessem explodido no tempo oportuno. As marcas poderão ser muito agudas e de improvável superação. A prudência recomenda ao formador, apesar de desagradar o formando, ter pulso firme na determinação dos momentos oportunos de passagem de uma etapa da formação a outra ou nas opções formativas, imune às eventuais insistências e resistências.

- Indicar os pontos a serem trabalhados, numa atitude de transparência e honestidade para com o formando. Esse deverá saber os reais motivos desta ou daquela orientação recebida do formador. A incógnita presente em afirmações do tipo: "Você sabe o porquê!", à margem de qualquer explicação clara, torna-se odiosa e injusta, já que o formando pode desconhecer aonde o formador quer chegar. Quando o formador diz ao formando suas motivações verdadeiras, terá mais chances de ser acolhido e de sua pedagogia ter mais efeito. Caso contrário, poderá gerar revolta e desânimo. O formador só tem a ganhar se "jogar limpo" com o formando. Pode acontecer de, no momento, o formando resistir e não querer aceitar. Mas, fica aberta a possibilidade de, no futuro, lhe ser dado razão.
- Ser extremamente paciente com o processo formativo de cada formando. Recomenda-se não queimar etapas, tampouco "forçar a barra". Antes se aconselha dar tempo ao tempo!

Um elemento complicador diz respeito à travada ou insuficiente evolução dos processos. Após longo tempo de acompanhamento, o formando parece não ter progredido ou progredir muito pouco. Do formador, então, será exigida coragem para confrontá-lo com a conveniência de se desligar da congregação. Contudo, o discernimento deverá se fazer com muita clarividência. A lentidão do processo pode se dever a circunstâncias externas, conjunturais, não relacionadas com as estruturas da personalidade do formando, devendo ser ponderadas em profundidade. Pode acontecer de ser bloqueado pelo próprio formador. A troca de formador poderia quiçá ter efeitos desbloqueadores.

Ter a pretensão de elaborar um cronograma preciso a ser seguido pelo formando no processo de maturação da personalidade corresponde a uma iniciativa inútil, por se tratar de um ser humano. No entanto, não se justifica que um juniorista se comporte como um aspirante. De um juniorista se espera um mínimo de maturidade própria dessa etapa.

- Ser atento ao progresso da inserção comunitária de cada formando, para detectar suas aspirações e tendências, seus humores, consolações e desolações. O positivo e o negativo de sua personalidade, e também de sua vocação, manifestam-se, em primeiro lugar, no ambiente comunitário. O formador experiente saberá identificar que aspectos da personalidade deverão ser mais trabalhados, potencializados ou corrigidos.

Recomenda-se não atribuir ao grupo o que diz respeito a determinado formando. Os problemas pessoais devem ser circunscritos a cada formando que os expressa, de modo a se evitar extrapolações ou inter-relações indevidas.

- Estar atento ao processo psicoafetivo de cada formando em vista de ajudá-lo na educação da afetividade. A identificação com Cristo e a integração no corpo apostólico da congregação exigem associação dos afetos. As várias etapas da caminhada formativa correspondem a degraus a serem pacientemente galgados na direção da maturidade afetiva. Cabe ao formador ajudar os formandos a encontrarem as melhores vias para alcançar esse objetivo.
- Olhar para além do imediato e estimular os formandos a darem novos passos, num processo continuado de autossuperação. A busca do que é mais, maior, melhor, nas várias dimensões da formação, tendo no horizonte o serviço qualificado do Reino, incentiva o formador a atinar para o que mais convém a cada formando, nos vários momentos da caminhada.

Forjar religiosos oblativos e solidários, capazes de se entregar por inteiro ao serviço do Reino na pessoa do próximo, constitui o cenário peculiar da formação personalizada. A ação do formador articula-se nos limites daquilo que se almeja e da realidade dos formandos. Cabe-lhe discernir os melhores caminhos, considerando o grau de madurez já alcançado por cada um.

3. Posturas a cultivar

Existem condutas a serem cultivadas pelo formador, das quais depende o bom êxito da formação. Ao polir as arestas de sua personalidade, capacita-se para interagir com os formandos de maneira construtiva. Quanto mais for trabalhada, tanto mais estará em condições de ajudá--los a caminhar com passos firmes no caminho para Deus. Então, a condição de mistagogo se revelará verdadeira!

Alguns elementos do modo positivo de proceder do formador devem ser sublinhados.

- Proximidade dos formandos. Sem proximidade não existe formação! Talvez essa afirmação soe fora de moda na era digital, quando se valorizam as relações virtuais. Contudo, no âmbito da VRC inspirada pelos valores evangélicos, não se pode abrir mão das relações interpessoais. Eis por que o verdadeiro formador convive com os formandos de maneira fraterna e gratuita, adaptando-se a cada etapa da formação, atento ao grau de maturidade desejado. A convivência possibilita-lhe ganhar a confiança deles, ao se mostrar interessado por cada um, com suas qualidades e limitações. Os gestos de compreensão estimulam a acolhida pelos formandos como a um amigo, quando percebem que lhes quer bem e os estima. Com isso, têm a chance de olhá-lo com benevolência, superando a imagem de simples vigia, defensor das normas da congregação, distante dos anseios e das preocupações dos formandos.
- Profunda humanidade. O formador bondoso, fraterno, amigo, dialogal, compassivo, leal e solidário só tem a ganhar. Seus gestos de humanidade motivarão os formandos a agirem da mesma forma.

Quando um religioso visita o passado em busca de formadores que o marcaram, com certeza se deparará com quem o tratou com humanidade, mormente, em momentos de crise e de provação. Um formador desprovido de humanidade terá incidência muito limitada na vida dos formandos, quando não maléfica. Poderá até mesmo ser admirado e respeitado por sua cultura, habilidades e dons. Contudo lhe faltará o que os formandos mais esperam e necessitam: o trato humano e fraterno. Da riqueza da humanidade do formador, carecem de ser abastecidos. Na eventualidade de a formação ser confiada a um formador pouco humanizado, os formandos tenderão a reproduzir seus esquemas de desumanidade, na contramão de um sadio processo formativo.

Nenhum formador se equivocará ao ser humano no convívio com os formandos. Mesmo que em certos momentos algum formando se comporte com fingimento, parecendo enganá-lo, no futuro, tomará consciência do equívoco, se recordará com gratidão do formador e nutrirá grande respeito por quem acreditou nele. Quiçá seja melhor ter sido enganado do que, agindo com astúcia e desconfiança, desmascarar publicamente o formando, jogando-lhe na cara suas tramoias. Se, no primeiro caso, a recordação terá a marca da gratidão, no segundo, o sentimento cultivado será o de revolta por uma humilhação jamais perdoada. Tome-se como certa uma coisa: nenhum formador verdadeiro se arrependerá de ter agido com extrema humanidade, sobretudo, nas conjunturas delicadas dos formandos.

- Transparência para facilitar a abertura. A transparência constitui-se em requisito imprescindível na dinâmica da formação. Caso as relações formador-formando careçam desse componente, a formação bloqueia-se e se inviabiliza. Cabe ao formador, pelo papel que desempenha, ser o primeiro a criar e incentivar um ambiente favorável à abertura do formando, com espírito positivo de confiança. Obviamente a disposição propícia do formador corresponde a um lado da moeda. A contrapartida do formando será a resposta desejada para que o processo formativo tome fôlego. A interação da transparência do formador com a do formando corresponde à base sólida sobre a qual a verdadeira formação se constrói.
- Sincera confiança. O formador vê-se desafiado a confiar no formando, em sua boa vontade e desejo de responder aos desafios da formação e da inserção no corpo apostólico congregacional. Desaconselha-se tomar decisões motivadas *a priori* pela desconfiança, seja de ordem intelectual, moral, ideológica, espiritual, eclesial ou qualquer outra. Pensem-se nos jovens provindos de certos movimentos onde se valorizam elementos já superados da tradição eclesiástica! Movido pela confiança, o formador saberá apresentar, com clareza, o projeto de vida na congregação e as pautas da vida evangélica, convicto de que os formandos serão capazes de abraçá-los com maturidade. Na eventualidade de pairarem dúvidas, seja qual for o tipo, saberá

cordialmente lhes pedir esclarecimentos, questioná-los ou corrigi-los. Se os percebe bloqueados, terá bastante delicadeza para encaminhá-los a outro membro da equipe que os possa ajudar e, caso se faça necessário, motivá-los a aceitar ajuda psicológica ou outra. Importa que o formador, em todas as fases do processo, saiba acreditar nos formandos a quem acompanha.

- Buscar corretamente a verdade. Da parte do formador, deverá ser visível o esforço de se pautar pela verdade, porém, agindo com ética e respeito. Será verdadeiro de forma errada, ao se comportar com agressividade e má educação. Os desacertos acontecem quando os formandos são abordados na hora e no lugar errados, talvez, na frente de colegas e estranhos. Ou então, com palavreado impróprio, pouco adequado para propiciar um clima de comunicação fraterna. O formador se vê desafiado a dizer a palavra certa, da forma certa, na hora certa, no lugar certo, no tom certo, na quantidade certa. Sua sabedoria se mostra, sobretudo, nessas horas! Agindo assim serão grandes as chances de granjear a confiança e a amizade dos formandos.

- Considerar a globalidade dos processos pessoais. Quando o formador se fixa em determinado aspecto do comportamento de um formando, numa precisa fase de sua vida ou em certa falta cometida, negligenciando a totalidade do processo formativo, com grande probabilidade tomará decisões erradas. O peso de uma conduta será mais bem avaliado ao ser cotejado com o conjunto das atitudes do formando. Algo muito grave à primeira vista pode revelar menor gravidade, quando projetado num horizonte mais amplo. Ao revés, o que inicialmente dava a impressão de ser insignificante pode se mostrar preocupante. A conduta inusitada de um formando pode se dever a problemas circunstanciais de família ou de saúde, bem como de inadaptação ao ambiente comunitário, acadêmico ou pastoral. Passado esse momento, as coisas fluirão normalmente. Não haverá motivos para preocupação. Entretanto, se a atitude imprópria se soma a muitas outras do mesmo tipo, o caso merecerá atenção redobrada. Importa, pois, ter sempre diante dos olhos a totalidade da caminhada do formando, em vista de avaliá-lo com acerto.

- Eliminar as barreiras. A proximidade dos formandos acontece quando o formador suprime, um por um, os empecilhos que, porventura, se interponham entre eles. Podem ser muitos: sociais, culturais, étnicos, intelectuais, geracionais, teológicos, ideológicos, políticos e, em alguns casos, físicos. Atitude contraproducente consiste em criar certa distância dos formandos, como precaução para não perder a autoridade sobre eles. A motivação dessa falsa ideia aponta para o temor de a proximidade criar uma espécie de igualitarismo desaconselhável. Esse raciocínio distorcido esquece que as relações sem barreiras possibilitam ao formador avizinhar-se dos formandos, dar-se conta de seus anseios e ideais, mas, também, de suas angústias, insatisfações e crises. A eliminação dos obstáculos abre espaço para o formador se tornar verdadeiro companheiro de caminhada dos formandos, apontando-lhes o caminho a seguir rumo a Deus.

- Valorizar os momentos informais. Faz parte de uma formação sadia a criação de espaços para a gratuidade, o lúdico e o recreativo, em que o formando se dê a conhecer fora das estruturas da casa de formação, com suas normas e regras. O bom formador tem consciência dessa dimensão e a valoriza no processo formativo. No entanto, existem os que consideram os momentos de descontração com os formandos e dos formandos entre si como perda de um tempo "precioso" a ser aplicado em atividades mais importantes. Os membros das comunidades de formação, em geral, são enquadrados em esquemas minuciosos, recheados de mil atividades, com poucos horários livres.

O formador deve estar consciente de que, além de proporcionar bem-estar físico e mental e criar laços entre os formandos, os momentos informais de recreação são espaços em que mais se dão a conhecer e, ao mesmo tempo, em que pode conhecê-los melhor. Aí se podem identificar os criativos e os acomodados, quem tem iniciativa e quem fica à espera da decisão alheia, os bem-humorados e os irritadiços, os disponíveis e generosos, e, também, os parasitas e dependentes, quem enfrenta os imprevistos e os que se bloqueiam com as surpresas. Essa riqueza de conhecimento torna-se impossível quando a formação consiste, quase exclusivamente, em executar atividades programadas e esquemas, em que os espaços de gratuidade não contam. Quem pensa assim perde excelentes ocasiões de conhecer, cada vez melhor, os formandos que lhe foram confiados.

- Investir na corresponsabilidade. A tentação de infantilizar e diminuir os formandos deve ser banida, peremptoriamente, das casas de formação, que não são jardim de infância, escola infantil, tampouco, orfanato. Dos chamados à VRC deseja-se uma base de maturidade, por não ser destinada a crianças (ou adultos!) imaturas. Desaconselha-se a VRC para personalidades infantis.

Portanto, o formador experiente responsabiliza e engaja os formandos na própria formação, por um lado, exigindo que se comprometam nas decisões que dizem respeito a si e à comunidade formativa, por outro, abrindo espaço para suas iniciativas pastorais, em favor da congregação e de seu carisma missionário.

Depois de Deus, cabe ao formando ser agente da própria formação. E não poderá abrir mão desse papel para delegá-lo ao formador. Por sua parte, o formador deve se recusar a assumir o papel devido ao formando. Essa relação adulta torna-se pré-requisito para o forjamento de religiosos dignos desse nome.

- Descobrir e apreciar os dons dos formandos. Ao longo do processo formativo, o formando descobre, valoriza e potencializa os dons recebidos de Deus, a serem aplicados no serviço do Reino, nas frentes missionárias levadas adiante pela congregação. O papel do formador será o de incentivador e promotor desse processo, que pede conhecimento e valorização dos talentos dos formandos, motivando-os a desenvolvê-los, tendo, de maneira muito particular, os empobrecidos e os marginalizados diante dos olhos. Indivíduos muito limitados e lentos para se darem conta da riqueza de dádivas com que foram cumulados pouco proveito tirarão do que se oferece na VRC em termos de formação. Nesse caso, caberá ao formador conscientizá-los de não serem propensos a tal carisma.

- Reconhecer o caráter processual da formação. A assimilação dos valores da VRC e da congregação, longe de ser automática e imediata, depende de múltiplos fatores. No que tange aos formandos, dependerá de seu grau de maturidade, do contexto em que vive, dos estímulos recebidos, dos ritmos pessoais. Cada formando tem seu ritmo particular. Uns progridem com mais rapidez que os outros. Insistir em lhes impor um mesmo padrão, nos moldes de um treinamento militar, ou pressionar os mais vagarosos para entrar no compasso dos mais ágeis são atitudes fortemente desaconselháveis. O mesmo se diga da tentação de nivelar o grupo por baixo ou por cima, para colocar todos num mesmo patamar. O formador sensato tem consciência da peculiaridade do processo de cada formando e o respeita.

4. Posturas a evitar

No extremo oposto das atitudes a serem cultivadas, estão as que devem ser deixadas de lado. O formador experiente tem suficiente sabedoria para pressentir o que convém ou não no acompanhamento dos formandos. Certas atitudes suas tornam-se obstáculos e dificultam a transparência, tendendo a torná-los arredios e dissimulados. Daí a importância de não as deixar contaminar o processo da formação.

Eis um breve elenco de atitudes do formador, nocivas para o bom resultado de sua missão:

- O personalismo. Corresponde a referir tudo a si mesmo e se tornar o centro de tudo, sem dar vez para os formandos. Seu "eu" preenche todos os espaços, enquanto o "eu" dos formandos fica reduzido à sua mínima expressão, bem miudinho. O formador age como se fosse onipotente, onisciente e onipresente, um "deusinho". Tem sempre a última palavra e tudo depende de sua autorização, mesmo em se tratando de atividades corriqueiras. Nada escapa ao seu conhecimento. Ai do formando que lhe omitir alguma coisa! Pretende tê-lo sob controle, daí a cobrança de estar sempre informado de onde se encontra e o que está fazendo. Apela para a obediência e a subserviência, e parece gostar de ser bajulado, favorecendo, assim, um detestável clima de fingimento e hipocrisia, muito valorizado por formandos medíocres.
- O paternalismo. O formador tem o formando na conta de filho, ou de filha, no caso das mulheres, o maternalismo. Essa tentação faz-se perceptível no

tratamento que se dá ao formando, chamando-o de "meu filho!", ou "minha filha!", na superproteção, no excesso de preocupação com ele, no afeto excessivo e na indulgência com as eventuais falhas. Quem tem carência afetiva se sentirá à vontade com formador dessa natureza!

- O exemplarismo. O formador pode se sentir na obrigação, quase obsessiva, de ser exemplo para os formandos, mesmo à força de agir de maneira artificial e inautêntica. Seu modo de proceder, longe de se fundar em convicções profundas, decorre da obrigação de não escandalizar os formandos. Pode acontecer de, fora do espaço da formação, comportar-se de maneira muito distinta, com o risco de sua incoerência ser flagrada pelos formandos. A atitude sensata consistirá em se portar com simplicidade e verdade, mesmo quando revelar suas debilidades e limitações, juntamente com o desejo sincero de crescer e sempre dar novos passos. Tal será o exemplo benéfico para os formandos!

- O moralismo hipócrita. Age com fingimento o formador que impõe aos formandos um legalismo moral, que não vale para si mesmo. O rigorismo com eles não tem contrapartida quando se trata de seu modo de proceder. Severidade para os formandos, laxismo e permissividade nas questões pessoais. O formador ficará desmoralizado e cairá no descrédito quando seu comportamento ambíguo for descoberto. Em quadros extremos, os formandos poderão, até mesmo, se rebelar. E com razão!

A FORMAÇÃO NA VIDA RELIGIOSA CONSAGRADA

- O policialismo. Um deslize inútil no trato com os formandos consiste em o formador cair na tentação de lhes negar qualquer espaço para a privacidade. Toda a vida dos formandos, o que pensam e o que fazem, deve ser do conhecimento do formador. Essa atitude imprópria tem dois desdobramentos. Se o formando mostra-se reticente e pouco claro, o formador o pressionará a falar, como fazem os policiais. Porém, o formador jamais se dará por satisfeito com o que diz o formando, pois nutre um espírito pernicioso de suspeita. Pode acontecer de, no futuro, quando for o caso de dar informações sobre o formando, servir-se de dados obtidos por tais vias para incriminá-lo, até mesmo, com a intenção secreta de prejudicá-lo ou se vingar dele. Só existe um remédio para prevenir esse desvio de personalidade: agir com transparência, confiança, verdade, liberdade e desejo positivo de ajudar o formando.

- O intrometimento. O formador abelhudo julga-se no direito de bisbilhotar a vida do formando, como se fosse extensão da sua. Esse desvio de conduta manifesta-se, sobretudo, quando o formando está fora de casa, dando margem para o formador entrar em seu quarto e remexer em suas coisas, movido pelo secreto desejo de encontrar algo comprometedor. Ou, então, quando tem chance de se apossar do celular do formando. Caso venha a ser descoberto, a confiança porventura nele depositada fica irremediavelmente comprometida. A confiança e a transparência são os únicos antídotos desse pernicioso modo de proceder.

- O absenteísmo. O formador ausente considera os formandos tão adultos e capazes de caminhar por si sós, a ponto de minimizar a necessidade de estar junto deles e acompanhá-los. Eis por que não vê nenhum problema em assumir mil compromissos, que o obrigam a estar sistematicamente fora de casa, acompanhando os formandos de maneira esporádica, superficial, rápida e por curto tempo. Ou, então, dar-se por satisfeito com os contatos virtuais por WhatsApp ou Facebook, onde pode conversar com os formandos em grupo ou em privado. O desacerto desse comportamento está no modo como se considera a adultez dos formandos. Ainda que tenham certa idade cronológica e maturidade de caráter, enquanto formandos na VRC, estão em processo de dar os primeiros passos na inserção na congregação, de conhecer sua história e espiritualidade, de se inserir em seu corpo apostólico e discernir as futuras missões. Isso tudo dependerá da presença física e da ajuda amiga do formador enquanto mistagogo.
- A projeção. Certos formadores têm o mau costume de se projetar nos formandos, como se quisessem modelá-los à sua imagem e semelhança. E escolhem aqueles que têm mais possibilidade de realizar os sonhos e ideais que não conseguiram concretizar ao longo da vida. Daí investirem neles, incentivá-los a escolher determinadas especializações e criar-lhes oportunidades. Os formadores, com isso, se sentem

compensados pelas oportunidades que lhes foram negadas ou pela incapacidade de atingir, por si sós, ideais que cultivam no coração. Um resultado perverso dessa atitude diz respeito ao tratamento dispensado aos demais formandos, preteridos ou não devidamente valorizados. A experiência aponta para o fim previsível da relação viciada do formador que se projeta no formando. Quando esse toma consciência de estar sendo manipulado e se rebela, abandona a congregação ou rompe com o formador, causando-lhe profundo desgosto, atraindo para si a ira e a inimizade do protetor de outrora. Triste fim de uma relação que se esperava ser construtiva!

- A irritabilidade e a susceptibilidade. O formador de "pavio curto" explode por qualquer ninharia, por ser incapaz de avaliar os deslizes dos formandos e de agir com serenidade, a ponto de criar um clima de instabilidade nas relações formativas. Nesse caso, os formandos nunca sabem como o formador reagirá, se "está de lua" ou não. Com isso, dificilmente granjeará o carinho dos formandos, que evitarão aproximar-se dele, o avaliarão com cuidado antes de abordá-lo e, ao interpelá-lo, já esperarão uma grosseria, da qual precisam se precaver. A formação enquanto mistagogia, então, torna-se inviabilizada: o olhar atento do formando, fixo em Deus, passa a se concentrar nas reações bizarras do formador, em torno das quais a formação gira.

- O terrorismo. O formador terrorista desestabiliza os formandos por ameaçá-los constantemente com a expulsão da congregação, promessas de castigo ou simples chantagens. Sua presença faz tremerem na base os formandos imaturos, inseguros e infantis. Os adultos têm a coragem de enfrentá-lo. Quando as ameaças não passam das palavras, ele acaba sendo desmoralizado pelos formandos. Em todo caso, esse modo impróprio de agir dá margem ao fingimento, o que leva os formandos a se comportarem de modo a não desencadearem a fúria do formador.

- As indiretas e ironias. Torna-se injusto o formador que se serve do sarcasmo e das indiretas para comunicar aos formandos eventuais correções. Ao invés de dizer as coisas com clareza e de modo direto, opta por odiosos subterfúgios e linguagem camuflada. Pode-se esconder, aqui, um distúrbio de personalidade do formador que o incapacita para enfrentar, com maturidade, cenários adversos e conflitivos. Esse método inoportuno de abordá-los tem como consequência previsível o ressentimento generalizado dos formandos, que se sentirão incomodados ao serem tratados dessa maneira. A sabedoria popular compara o jogar indiretas com o lançar milho para as galinhas: a pessoa joga milho para uma, mas as outras vêm aos montes, pensando ser para elas. Os formandos maduros e equilibrados são especialmente sensíveis a tal atitude do formador.
- As "panelinhas". Uma tentação recorrente no âmbito da formação consiste em o formador se deixar

A FORMAÇÃO NA VIDA RELIGIOSA CONSAGRADA

rodear por um punhado de formandos bajuladores, seus amigos e protegidos. Os demais são descartados! O modo como os dois grupos são tratados chama a atenção: uns recebem elogios, os outros, censuras e críticas; para uns são dadas todas as permissões, enquanto os demais são submetidos a rígido controle; de uns só se veem as qualidades, ao passo que os demais parecem ter apenas defeitos. Nesse contexto, as relações na casa de formação tornam-se insuportáveis, pela inabilidade do formador. Os conflitos e as inimizades se multiplicarão. A competição entre os aduladores do formador será de se esperar. Os programas comunitários decorrerão em clima de hostilidade e desentendimento.

• A insegurança. Existem formadores impossibilitados de tomar decisões, de modo especial, em momentos de tensão, por motivos de ordem psicoafetiva. Os conflitos, por menores que sejam, causam-lhes perturbação interior e os bloqueiam, mantendo-os em invencível estado de indecisão. Há quem se questione constantemente, pondo em dúvida suas próprias qualidades e a capacidade de liderar um processo formativo. Ou que fique abalado cada vez que deve tratar algo sério com algum formando. No entanto, a insegurança pode se manifestar com a face do autoritarismo intransigente ou na defesa insana de determinados pontos de vista. Tudo isso pode ter desdobramentos indesejáveis sobre os formandos, sobretudo, os de personalidade frágil.

- O medo de enfrentar situações conflitivas. As relações interpessoais comportam inevitáveis tensões com distintas motivações, dimensões e durações. Pretender relações eternamente estáveis, à margem de qualquer quiproquó ou mal-entendido, corresponde a tomar como modelo a paz dos cemitérios. As casas de formação, por várias razões, tendem a ser um terreno fecundo para a disseminação de discórdias. Existem formadores competentes para gerenciar a normalidade do cotidiano, entretanto, incompetentes quando se trata de enfrentar os conflitos com os formandos, os conflitos dos formandos entre si, os conflitos com os superiores, e tantos outros. Quando se espera deles discernimento, lucidez, diplomacia, tato, "jogo de cintura", eis que preferem "colocar panos quentes", omitem-se, fogem, entram em pânico ou se tornam um depósito de doenças psicossomáticas.
- O complexo de inferioridade. Na contramão do personalismo, sinônimo de complexo de superioridade, situa-se o complexo de inferioridade. Aqui o "eu" reduz-se à sua mínima expressão, ao passo que o "tu" assume dimensões gigantescas. A insegurança pode se associar a esse complexo. O formador complexado e inseguro, com facilidade, poderá ser desestabilizado por um formando mau caráter. Porém, poderá ocultar o sentimento de inferioridade com a capa da dureza e do autoritarismo, tornando os formandos vítimas de suas intransigências arrogantes. Sempre buscará uma forma de deixar bem claro

sua superioridade. Os desequilíbrios dos formadores deixam os formandos desnorteados, em face de quem deveria ajudá-los na caminhada para Deus.

Os formadores poderão ficar apreensivos ao se defrontarem com esse quadro e se sentirem incapacitados para levar adiante tão alta tarefa. Quem está para começar a missão, então, correrá o risco de passar por uma crise de indecisão ou de ansiedade. Aqui se recomenda uma forte dose de fé, de autoconfiança e de disponibilidade para enfrentar o desafio de ser formador, aprendendo no ritmo da caminhada. Ajuda muito pensar que se compromete em colaborar com Deus na história dos novos membros da congregação. Essa consciência o moverá a ser cada vez mais eficiente no que lhe compete fazer, tendo como cenário o carisma congregacional e seu desdobramento apostólico.

5. O projeto cristão apresentado com fidelidade

O formador tem o dever de apresentar aos formandos o projeto de vida cristão, a ser praticado com radicalidade, nos moldes do carisma congregacional. Quanto mais o projeto de Jesus de Nazaré for compreendido e assimilado, "sem se dourar a pílula", menor será a tentação de se descambar para o subjetivismo, em que cada um adapta o ideal cristão aos seus gostos e conveniências, para a arbitrariedade, em que cada um se sente no direito de dizer o que é ou não conforme o ideal cristão, tampouco para as improvisações, em que as pressões do momento determinam para onde caminhar.

Cabe-lhe ajudar os formandos no processo de assimilar os valores evangélicos, com liberdade e coerência. Uma vez assumidos, não poderão usar de subterfúgios para minimizar ou facilitar suas coordenadas, ou seja, vivê-los de qualquer jeito, fazendo adaptações na proposta original. O "sim" livre e consciente determinará o rumo a ser dado à caminhada na congregação, em todas as etapas da vida.

Existem elementos inegociáveis na VRC no que tange à sua identidade cristã, decorrente do seguimento de Jesus Cristo. A vida comunitária e a dedicação à missão, a espiritualidade e a fidelidade aos votos religiosos, a opção preferencial pelos pobres e o empenho na construção da humanidade querida por Deus estão fora de questionamento, quando se trata de viver fielmente o carisma cristão encarnado numa congregação religiosa. Haverá diferentes maneiras de implementá-los. Entretanto, o espírito será o mesmo! Por outro lado, certos elementos secundários podem ser questionados, serem passíveis de mudanças e adaptações, até mesmo, estarem sujeitos a desaparecer, como aconteceu na atualização da VRC pedida pelo Concílio Vaticano II. Um caso emblemático diz respeito ao uso do hábito religioso. Houve quem fizesse um verdadeiro "cavalo de batalha" em torno desse tema, deixando escapar apelos prementes do Evangelho. Briga-se por coisas secundárias; fazem-se vistas grossas para coisas essenciais!

Cabe ao formador conscientizar os formandos da urgência de se adequarem, com radicalidade, ao discipulado de Jesus de Nazaré. Engana-se o formador complacente e conivente com os formandos em suas falhas, no que diz respeito

A FORMAÇÃO NA VIDA RELIGIOSA CONSAGRADA

à vivência da fé cristã, assim como se pode aprender da tradição neotestamentária. O desleixo na prática do compromisso cristão tem largo alcance. Além de redundar em prejuízo para o processo formativo, leva a congregação ao descrédito, enfraquece a motivação dos religiosos, desanima os principiantes que desejam ser fiéis ao compromisso com o Reino.

Uma formação bem-sucedida consiste em motivar os formandos a compatibilizar sua vida, seus sonhos e ideais com os princípios evangélicos, ensinados e vividos por Jesus de Nazaré, e encarnados na proposta congregacional de VRC, tornada opção de vida nos votos religiosos. Seu estilo de vida deve ser uma proclamação viva do Evangelho! O descompasso entre os valores cultivados na vida pessoal e aqueles abraçados por ocasião do Batismo aponta para o fracasso da formação, por ter sido incapaz de preparar o coração do religioso para se deixar transfigurar à luz da fé.

O noviciado deve corresponder à experiência inicial de ruptura, clara e efetiva, com os elementos antievangélicos da cultura. Por seus frutos, pode-se perceber como o antirreino encarna-se no consumismo, no individualismo, no hedonismo, no narcisismo, no exibicionismo. A prática dos votos religiosos pode ser uma excelente encarnação do estilo evangélico de viver, em contraposição ao mundanismo cultural. A pobreza pessoal e comunitária, perceptível na austeridade de vida, a castidade que liberta para o serviço do Reino e a obediência que é o esforço continuado de fazer a vontade de Deus com a ajuda dos superiores, têm como pressuposto o compromisso de viver intensamente a fé batismal. O amor a Cristo e aos irmãos será o fio condutor das ações de quem abraçou o ideal da VRC e se deixa conduzir pelo carisma da congregação que o acolheu.

A contraculturalidade caracteriza a VRC, e, mais profundamente, o projeto de vida cristão. A inserção, enquanto sal, luz e fermento, convive com a oposição, na linha do ensinamento evangélico de estar atento ao "fermento dos escribas e dos fariseus". Eis por que a ascese e a renúncia devem fazer parte do estilo de vida dos religiosos, desde os primeiros passos da caminhada. O resultado será a obtenção da liberdade interior que permite usar os bens deste mundo, mantendo distância do apego com o risco da idolatria. Ser contracultural tem seu preço. No entanto, vale a pena pagá-lo por se estar investindo na construção da própria humanidade.

A assimilação da proposta evangélica no tempo de noviciado será comprovada nas etapas seguintes da formação. O indício será o recém-professo manter-se livre em face do que deixou para trás, dispondo-se a usar os bens deste mundo, exclusivamente, na medida em que eles o ajudarem a consolidar a caminhada de serviço ao Reino. Na direção contrária, serão claros sinais de o noviciado ter sido mera formalidade: a falta de solidariedade com os empobrecidos e marginalizados, a opção por uma vida burguesa, cheia de exigências, e a falta de interesse e cuidado com os irmãos de comunidade.

Por isso, não deveria dar por concluída a etapa de noviciado quem está longe da internalização do *ethos* evangélico. Com probabilidade se arrastará na VRC, de incoerência em incoerência, de escândalo em escândalo, até a decisão de se desligar da congregação, em alguns casos, depois de ter-lhe feito muitos estragos.

A dinâmica da formação, ao longo da caminhada na VRC, foca na consolidação e na internalização dos valores evangélicos, nos moldes do carisma e da missão congregacionais, aprendidos no noviciado. Certas práticas podem ser de grande utilidade. O acompanhamento espiritual, as leituras espirituais, a *lectio divina*, a Eucaristia, os dias de recolhimento, os retiros anuais, a renovação dos votos, conservam sua validade, em se tratando de mergulhar no mistério da fé. Haverá outras a serem descobertas e aplicadas por cada um. No entanto, sua eficácia depende da disposição interna do religioso. Quanto mais abertura de coração, tanto mais os valores do Reino haverão de configurá-lo a partir do mais profundo do ser.

Cabe aos formadores alertar os formandos em relação à gravidade da incoerência entre o projeto de vida pelo qual optou ao ingressar na congregação e aquele efetivamente praticado. Existem comunidades que toleram o contratestemunho de seus membros, fazendo vista grossa para fatos de conhecimento público. Assim, ao invés de ajudá-los a se conformarem com o ideal de vida cristã e a serem fiéis à vocação, evitando a tentação de neutralizá-los ou vivê-los numa versão *light*, incentivam-nos a prosseguir na contramão da escolha inicial, com desfecho previsível.

Um expediente de grande valia consiste em introduzir os formandos na prática do discernimento espiritual. A revisão contínua e atenta da caminhada lhes permitirá seguir adiante com coerência, mantendo os olhos fixos na meta a ser alcançada, a comunhão com Deus. Por outro lado, se mostrará útil em se tratando de escolher os meios mais adequados para crescer no serviço ao Reino.

6. Como enfrentar os casos difíceis e complicados

A vida dos formadores está recheada de surpresas. Quando se pensa que um formando está progredindo bem, ei-lo envolvido em crises e perturbações, à primeira vista, insolúveis. Outros caminham a duras penas e, quando menos se espera, surgem problemas tão sérios, que se exige que sejam despedidos da congregação. Ou, então, levam uma vida dupla, conhecida pelo formador por meio de terceiros que pedem segredo e confidencialidade. Veem-se envolvidos em crises psicológicas profundas, em face das quais o formador sente-se impotente e despreparado para ajudá-los. Pedem acompanhamento em discernimentos em que estão implicadas informações obscuras e cabulosas. Essas e muitas outras situações, tanto mais confusas, podem deixar o formador desnorteado, a ponto de se sentir impotente para ajudar os formandos a desatarem os seus nós pessoais.

Circunstâncias desse gênero exigem muita clarividência do formador, em vista de encontrar a pedagogia adequada para a condução de cada caso. Algumas sugestões podem ser oportunas para tais momentos.

- Aconselha-se atuar em equipe, por ser insuportável carregar sozinho o peso do discernimento de determinadas problemáticas dos formandos. Em certos casos, o desgaste psicológico pode mergulhar o formador numa estressante perturbação. Caso seja complicado ou impossível contar com a colaboração de companheiros da própria congregação, convém buscar ajudar com religiosos ou religiosas de outras congregações ou mesmos pessoas de fora da VRC. Obviamente, deverão ser indivíduos de extrema confiança e discrição. O formador com certa experiência saberá identificá-los e valorizá-los. Serão interlocutores imprescindíveis, junto aos quais encontrará luzes para a correta condução dos processos de discernimento dos formandos complicados.

- Será preciso identificar o tipo de problemática com a qual o formando está envolvido, pois pode ter variadas causas, níveis, incidências, históricos e repercussões. Pede-se, pois, muita tranquilidade para não dar demasiada importância a elementos irrelevantes, tampouco se comportar com ingênua passividade defronte de coisas graves. Um bom acompanhante espiritual ou um profissional experiente na área da psicologia com quem trocar ideias podem ser aconselháveis, quando se trata de ponderar as dificuldades encontradas pelos formandos. A competência dos profissionais mostra-se de extrema valia.

- A correta avaliação das crises dos formandos acontece quando se leva em conta todo o histórico da caminhada de cada um. Existem crises passageiras e pontuais e aquelas que vêm de longa data, cuja solução foi sempre adiada, por faltar ao formando a coragem de enfrentá-las e ao formador a percepção da necessidade de motivá-lo a se confrontar seriamente com elas. Faz-se necessária uma atenta avaliação, para se prevenir possíveis equívocos no diagnóstico e seu posterior encaminhamento.

- O formador deve estar sempre atento para não subjetivar as crises dos formandos. As crises dos formandos pertencem-lhes e não ao formador. Caso o formador coloque as crises dos formandos em seu coração, introjetando-as, a ponto de também ele entrar em crise, perderá a capacidade de exercer seu papel de mistagogo. Assemelha-se a quem não sabe nadar, mas se lança na água para salvar alguém que está se afogando. Pessoas muito problemáticas tendem a envolver em seu drama quem está ao redor. De muitas maneiras: fazendo as pessoas se sentirem culpadas pelos transtornos alheios; acusando-as de indiferença ou de insensibilidade; despejando nelas todo o peso de seus problemas; agarrando-se a elas quais tábuas de salvação. Só o formador esperto será capaz de evitar tais armadilhas e estará livre de se meter num beco sem saída. Importa, por conseguinte, colocar-se em total disponibilidade para ajudar o formando em crise, com caridade e acolhimento, porém, mantendo a devida distância espiritual e psicológica dos imbróglios que está vivendo. Esse patamar dará ao formador segurança para estender a mão ao formando e socorrê-lo.
- Os casos enigmáticos requerem muita paciência, ponderação e discernimento. A precipitação será sempre desaconselhável. Existem momentos nos quais o formando mostra-se incapaz de verbalizar com objetividade sua problemática por bloqueios psicológicos. Nesse caso será preciso encontrar as

melhores formas de ajudá-lo a se desbloquear, de modo a poder narrar suas inquietações e traumas. Pode acontecer de o formando "esconder o jogo" e se recusar a ser transparente. O formador impulsivo e impaciente tenderá a ser rígido e intransigente. Em sua pressa correrá o risco de se enganar na decisão a ser tomada. Formandos complicados colocam em constante provação a humanidade e a criatividade do formador.

- Os formadores são pressionados por todos os lados, quando estão às voltas com casos intrincados de formandos, para os quais se espera uma solução urgente. O grande desafio consistirá em se manterem serenos e "blindados" em face das pressões. O cenário torna-se mais complicado quando a coação vem de superiores maiores mal-informados e precipitados, com autoridade sobre os formandos e, igualmente, sobre os formadores. Superiores ponderados são de extrema valia em se tratando da condução de processos nebulosos na formação.

- Um tema delicado no âmbito da formação diz respeito à circulação de informações sobre os formandos, de modo especial as obtidas no foro interno, partilhadas em privado com o formador, que não são do conhecimento público. No encaminhamento das situações espinhosas, por suas características, o desafio do segredo e da confidencialidade toma maiores proporções. A tentação de falar sobre o formando em crise ou enredado em encrencas será uma armadilha para o formador.

A obrigação de guardar segredo em torno das informações obtidas no processo de acompanhamento do formando em crise deve ser uma constante para quem quer ajudá-lo. Estar impedido de partilhar as informações que tem sobre determinado formando pode ser motivo de sofrimento para o formador. Entretanto, seu comportamento discreto preservará sua boa fama e sua moral diante dos demais formandos. Muitos formandos sentem-se traídos ao ouvir comentários a seu respeito, onde se fala de coisas partilhadas, em particular, com o formador. A credibilidade do formador, com toda certeza, irá por água abaixo!

Caso o formador consulte outras pessoas – formadores da própria congregação ou de outra, psicólogos, conselheiros espirituais – deverá pedir-lhes "segredo profissional" a respeito do que ouviram. A prudência e a caridade aconselham a não revelar o nome do formando em questão, quando o consultado não pertence à congregação. O anonimato da pessoa implicada torna-se um direito dela. As pessoas consultadas, de sua parte, deverão estar conscientes da obrigação de guardar segredo a respeito da consulta feita. Ainda que esteja envolvido em problemas de extrema gravidade, a boa-fama do formando não pode ser maculada pelo formador. Caso isso aconteça, que seja por outras vias!

No caso de abuso de menores ou de adultos vulneráveis, existem protocolos bem definidos pela Igreja a serem seguidos.

- Na eventualidade de ser preciso despedir um formando, que se faça tudo com caridade e respeito, de forma a se sentir motivado a continuar firme na vivência do projeto cristão. Há quem rompa com a vida eclesial e a prática sacramental após uma experiência traumática de saída da VRC. Essa marca negativa poderá acompanhá-lo por muito tempo. O formador tarimbado saberá como despedir um formando, porém, mantendo as portas abertas para a amizade e, quem sabe, para futuras colaborações com o projeto missionário congregacional.

Essas pistas podem ser úteis para formadores que se veem às voltas com histórias enviesadas de formandos. Longe de serem exaustivas, aspiram apenas sublinhar a importância de se terem pautas apropriadas, na condução dos casos especialmente confusos.

7. O acompanhamento dos formandos "especiais"

A sabedoria em lidar com os casos difíceis e complicados encontra seu contraponto na sabedoria em acompanhar os formandos que se destacam por seus talentos e aptidões, têm inteligência privilegiada e, mais importante, dão mostras de ter assimilado o carisma e a missão da congregação e esperança de serem um reforço importante para o corpo apostólico congregacional. São os formandos superiores à média! Os formadores, com muita facilidade, podem se equivocar, para mais ou para menos, ao acompanhá-los.

Para mais, quando os coloca no centro das atenções e os considera formandos de referência, modelos a serem imitados pelos colegas. Um deslize gravíssimo consiste em compará-los com os companheiros de formação. A animosidade e a rejeição contra o formador e o "formando modelo" são previsíveis. Existem os que tiram partido e se comprazem em ser mimados pelo formador, que os considera de categoria superior. Esses tendem a se tornar arrogantes e prepotentes. Outros, mais maduros e ponderados, padecem calados a conduta reprovável do formador a seu respeito, considerando-a uma espécie de provação ou humilhação. Só os formandos de grande personalidade são capazes de se rebelar contra o formador e rejeitar, abertamente, o modo privilegiado com que o trata.

Quando os formandos paparicados rompem com os formadores ou mesmo deixam a congregação, os formadores incompetentes entram em crise, por terem perdido "uma vocação tão boa", um formando "em quem investi tanto". À crise poderá suceder um desânimo de grandes proporções.

Para menos, no caso de o formador transformar o formando "especial" em vítima de seu complexo de inferioridade, raiz de sua intransigência e autoritarismo. E, por isso, humilhá-lo, desqualificá-lo e, em crise de distúrbio emocional, persegui-lo. Uma vez que sua vida se tornou insuportável, o formando assim tratado tende a abandonar a congregação. Formandos de estatura humana, espiritual, cultural, ética, pastoral superior exigem formadores que os compreendam e os acompanhem com maturidade.

O formador ajuizado jamais subestimará, tampouco entrará em disputa com os formandos que sejam quiçá humana ou espiritualmente mais maduros que ele. Pelo contrário os acolherá com muito carinho, consciente da missão de introduzi-los na VRC pela porta da congregação. Jamais criará para ele um regime de exceção, com privilégios ou protecionismo. E sim terá suficiente sensibilidade para intuir o melhor modo de descortinar-lhes perspectivas e ajudá-los a dar passos, num ritmo diferente dos demais colegas, evitando os conflitos com eles. Os companheiros, por sua vez, deverão ter bastante sensatez para compreender o modo de proceder do formador em relação àquele formando, como esforço de personalizar sua caminhada formativa, já que a experiência de vida permitiu-lhe dar passos muito além dos demais. De sua parte, o formando "especial" cultivará uma postura de humildade e disposição para servir os outros, com os dons recebidos de Deus.

A dimensão mistagógica deve estar sempre no horizonte, de modo a garantir o foco da formação. Caso contrário, os "formandos-estrela" se tornarão soberbos e narcisistas, impedidos de caminhar para Deus. Seu cabedal de qualidades humanas torna-se valioso, quando colocado a serviço do próximo, dentro e fora da casa de formação. Será desperdiçado na eventualidade de se tornar combustível para inflar-lhe o ego. Cabe ao formador estar atento para essa dinâmica espiritual na caminhada dos que se destacam mais!

Existem formandos recém-chegados que são "sonhadores", capazes de vislumbrar novos caminhos para a comunidade, para a missão congregacional, para a Igreja e – por que não? – para a humanidade. Mesmo com o perigo de descambarem para o irrealismo, seus "sonhos" podem ser veículo dos apelos de Deus. Desprezá-los e não lhes dar suficiente atenção, por serem jovens e inexperientes na congregação, pode se tornar um desdenho ao próprio Deus e à mediação escolhida para comunicar sua vontade. Os jovens "sonhadores" podem colaborar com a congregação quando se trata de prospectar novos rumos. O único pressuposto será o de submeter os "sonhos" ao crivo do discernimento, com espírito aberto e desejoso de encontrar a vontade de Deus.

O tempo encarrega-se de provar a consistência dos formandos "especiais" e "sonhadores", pois podem ser "fogo de palha". A empolgação inicial e a esperança suscitada nos formadores devem ser acompanhadas de perto, com objetividade, para ver como se desenvolvem com o passar do tempo. Se o brilho for verdadeiro, terá longo fôlego. Caso contrário, logo se dissipará e mostrarão o que de fato são: "falsos brilhantes".

***

A pedagogia da formação será eficiente na condição de haver sólida interação entre formador e formando. Conhecer o formando, com isenção e objetividade, será o primeiro passo. Com esse ponto de partida, o processo formativo, respeitando o que tem validade para todos, poderá ser adaptado à realidade de cada formando e de cada novo grupo de formandos, de modo a torná-lo personalizado. O trabalho continuado na formação, com atenção e discernimento, cria no coração do formador uma sensibilidade especial para entrar em sintonia com os formandos e detectar suas reais necessidades. Cabe-lhe perceber as melhores formas de se aproximar deles, captar-lhes a confiança e se tornar seu companheiro na caminhada para Deus.

V | O FORMADOR MISTAGOGO NA MIRA DOS FORMANDOS

A interação com os formandos recomenda-se por ser de grande valia para os formadores que, afinal, acabam também sendo formados por eles. A formação acontece como caminho de múltiplas mãos, jamais de mão única. A incidência do formador sobre o formando encontra seu contraponto na incidência do formando sobre o formador, tanto como influência positiva quanto negativa. Espera-se que o formador esteja convencido de que Deus pode se servir de um "simples" formando para expressar seu interesse por ele. Portanto, recomenda-se ter o coração aberto e livre para acolher agradecido o que vem dessa fonte.

1. Os formadores avaliados pelos formandos

Os formandos avaliam os formadores da mesma forma que são avaliados por eles. Os juízos começam muito antes de chegarem na casa de formação e conhecerem pessoalmente o formador. Só o formador simplório supõe a "inocência" do formando em relação a ele, pelo simples fato de encontrá-lo pessoalmente pela primeira vez. Quando chega na casa de formação, o formando pode já ter posições formadas a respeito do formador, servindo-se de informações compartilhadas por formandos de turmas anteriores. A facilidade de saber das coisas, favorecida pelas redes sociais, permite às notícias circularem com muita rapidez.

Espera-se dos formandos suficiente sensatez para se tornarem livres em face das informações recebidas, positivas ou negativas, a respeito do formador. Será preciso verificar por si mesmos a veracidade delas. Um dado negativo pode corresponder ao parecer de um formando que se indispôs contra o formador, ao ser questionado por suas condutas impróprias. Pelo contrário, um dado positivo pode corresponder ao parecer de um "amiguinho" do formador que passava a mão na cabeça do "protegido". A prudência exige que o formando forme uma opinião pessoal, deixando de lado os conceitos e os preconceitos sobre o formador que circulam entre os companheiros.

Do formador espera-se equilíbrio, que o permita revelar a própria imagem, com verdade e sinceridade, seus pontos fortes e suas debilidades, o mais conforme possível com a realidade. O formador desavisado procura agradar ou incutir medo nos formandos, muitas vezes, externando a imagem de bonzinho ou de exigente, de flexível ou rígido, aberto ou fechado, em desacordo com sua realidade pessoal de inseguro e medroso. O formador será, efetivamente, ajudado pelos formandos na proporção de sua transparência e sinceridade. Então, a eventual correção de um formando ou de um grupo de formandos, ou mesmo um elogio, terá o efeito auspicioso de confirmá-lo na pedagogia utilizada ou de apontar-lhe os pontos a serem trabalhados. A ajuda a ser recebida dos formandos, por conseguinte, dependerá da forma como se comporta no trato com eles. Quanto mais honestidade, maiores serão as chances de ser ajudado.

Deixar-se avaliar e corrigir pelos formandos permite ao formador estar em contínuo processo de crescimento. Quanto mais humanizado, tanto mais poderá ajudá-los a crescer em humanidade. Tendo como companheiro de caminhada um formador empenhado em caminhar para Deus, aberto para acolher o que o Espírito lhe fala por meio dos formandos, esses formandos terão em quem se espelhar, na atitude de escuta atenta do Senhor que fala por meio do formador, dos companheiros de formação e de tantas outras maneiras. Se, pelo contrário, o formador comporta-se com autossuficiência e olha os formandos com desprezo e se recusa a pensar na possibilidade de ser ajudado por eles, perderá uma chance excelente de fazer a experiência de Deus a lhe falar pela boca dos pequeninos.

A formação bem-sucedida, implicando um caminho de múltiplas mãos, pressupõe formadores integrados e formandos empenhados em lançar as redes em águas cada vez mais profundas. Esse testemunho de seriedade e empenho permitirá que colaborem no processo formativo dos formadores. No entanto, certos formandos, carregados de traumas, frustrações e crises, tenderão a avaliar o formador negativamente, mesmo quem se disponha a ser ajudado por eles. As críticas malévolas virão impiedosas por parte dos psicologicamente desestruturados. Nesse contexto, o formador poderá crescer em humanidade e oblatividade ao superar a tentação de descartar os formandos inconvenientes, deixando-os de lado e "riscando-os de sua lista". E, ao se dispor a lhes dar a mão para superarem os bloqueios, seguro de que podem ser diferentes. Essa será a prova de fogo da maturidade de um formador!

2. A abertura para se deixar questionar

Os formandos têm o direito – e mesmo a obrigação! – de questionar os formadores, ao perceberem neles indícios de infidelidade. Dificilmente, haverão de censurar os coerentes, cuja bondade se faz patente no trato com eles. Até os formandos pouco fiéis na vivência da vocação sabem quando o formador age de maneira correta e quando comete deslizes. Se o formador "ousa" corrigi-los, têm na ponta da língua uma lista de desvios de conduta dele para lançar-lhes em face. Gestos de profunda sinceridade terão os formandos responsáveis por sua caminhada e dispostos a ajudar o formador.

Na hipótese de o formador se mostrar sensível ao que lhe dizem os formandos, abrir-se-á para ele um horizonte novo de crescimento e renovação. Se agir na direção contrária, será certa a perda de confiança e a relação formador-formandos seguirá adiante a duras penas. Pode acontecer de a situação persistir e se arrastar por longo tempo, com a omissão dos superiores maiores. Os formandos a suportarão com resiliência, à espera da etapa seguinte. Ou, então, acontecerão atritos sem conta com o formador, com efeitos devastadores no processo formativo, a ponto de inviabilizar qualquer esforço de mistagogia. Decorre daqui a importância de o formador gozar da credibilidade dos formandos e manter o coração aberto para levar a sério o que o Espírito lhe fala por meio deles.

O formador leviano tende a calar os formandos, desautorizando-os e desacreditando-os, às vezes, em público, quando cumprem a missão de formadores do formador. E criará atritos inúteis pela resistência em reconhecer a veracidade do que lhe dizem. Seria falta de humildade? Insegurança? Soberba? Arrogância? Qualquer que seja a motivação, seu modo de proceder não se justifica e terá como desdobramento a radicalização da desumanidade, pelo perigoso fechamento para Deus, quando tem diante de si uma chance imperdível de ser melhor.

As correções e os questionamentos dos formandos exigem que o formador estabeleça com eles relações amistosas, pela eliminação de todas as barreiras. O trato entre eles deverá acontecer num clima de fraternidade e de respeito, mesmo deixando de lado a tentação do igualitarismo. Esse será o ambiente propício para o formando sentir-se livre para dizer ao formador o que precisa ser dito sem temor de retaliações. E, da parte do formador, ter a modéstia e a simplicidade requeridas para dar crédito à palavra do formando e se deixar afetar por ela.

No entanto, pode acontecer de, no momento, o formador mostrar-se receptivo à correção do formando, quando, de fato, ela "entra por um ouvido e sai pelo outro". Triste realidade! Desperdício da chance para crescer! Formador desse quilate, bem como quem se recusa a se deixar questionar pelos formandos, deve ser mantido longe das casas de formação!

3. Atitudes positivas dos formandos

Relações sadias e adultas entre formador e formandos são pressupostas num processo mistagógico de formação. Eis algumas posturas a serem cultivadas e valorizadas pelos formandos em vista de potencializar a caminhada formativa:

- Interatividade. Formandos e formador são companheiros numa caminhada para Deus. A mistagogia exige a colaboração de ambas as partes. A reciprocidade constrói-se com abertura para ousar se expor, sem receio de ser julgado indevidamente. Mas, também, com disposição a voltar atrás, refazer o ponto de vista, quando se percebe ter havido engano ou insuficiente informação no que foi dito ao outro. A boa vontade, alicerçada na confiança mútua e na disposição para o diálogo, será indispensável para se promover a interação formativa.
- Responsabilidade. Quanto mais os formandos se sentirem responsáveis pela própria formação e se empenharem nessa tarefa, tanto mais as relações com o formador serão facilitadas. Obviamente, supõe-se um formador qualificado. O formador incompetente, embora o formando demonstre ter maturidade, tenderá a tornar conflitivas as relações entre eles.
- Transparência. A transparência na relação formando-formador constitui-se na pedra de toque da formação. Os formandos são desafiados a se conscientizar dessa exigência. Com tal pré-requisito, o formador poderá fazer uma ideia objetiva do grau de maturidade de cada um e sua assimilação do processo formativo, bem como dispor-se a se deixar ajudar por eles, convencido de estar lidando com pessoas carregadas de boa vontade, que dão passos. Compreende-se que o formador espere pouca ajuda de quem se mostra envolvido em problemáticas perturbadoras, a carecer de cuidado.

- Valorização das estruturas de apoio. A caminhada formativa na VRC lança mão de uma série de mediações: oração, prática dos sacramentos, Eucaristia, acompanhamento espiritual, vida fraterna, serviço aos mais pobres, estudos. O formador saberá propô-las na dose certa e no momento certo, avaliando as condições dos formandos. Da parte dos formandos, caberá valorizá-las e tirar o máximo proveito para o crescimento pessoal. E quiçá descobrir outras que lhes possam ser úteis, considerando os interesses e necessidades pessoais.

O formador deverá estar atento aos formandos resistentes em aderir às estruturas de apoio. Poderá ser por pura irresponsabilidade. Entretanto, na origem do desinteresse pode estar a inadequação de determinada prática a seu grau de maturidade. Seria, por exemplo, a proposição de práticas infantis de piedade a formandos com sólida formação espiritual, ou a apresentação de propostas irrelevantes aos que têm capacidade para coisas maiores.

- Deixar-se ajudar. A docilidade e a disposição para se deixar ajudar são atitudes importantes na vida dos formandos. Apesar de serem adultos e responsáveis, seria imprudente prescindir do acompanhamento do formador e de outras instâncias para se lançarem, por sua própria conta e risco, na aventura da formação. Da parte do formador, requerer-se discernimento para detectar as necessidades de cada formando. Os mais experientes serão acompanhados levando em consideração o caminho já percorrido; os menos experientes, levando em conta sua pouca vivência. A inversão dos polos pode resultar em graves prejuízos para eles.

- Autocrítica. O ambiente das casas de formação mostra-se propício para a disseminação do criticismo, nem sempre focado nas coisas deveras importantes. Enquanto a autocrítica mostra-se deficitária. Daí a importância de se cultivar entre os formandos a valorização da autocrítica sadia, meio privilegiado para tomar nas mãos o processo de formação pessoal em perspectiva mistagógica. A permanente autoavaliação, sem neuroses, cria no coração dos formandos um espírito de benevolência em relação a si mesmos e aos demais, tornando-os humildes e tolerantes com quem, a duras penas, esforça-se para dar passos no caminho para Deus.

- Crescer sempre mais. Uma atitude altamente desejável na postura dos formandos refere-se ao desejo imenso e sincero de crescer, progredir e dar novos passos nas múltiplas dimensões da caminhada. Um indício claro de falta de vocação ou de vocação em fase de dissolução pode ser identificado na perda dos ideais, na acomodação, na dispersão, no pessimismo, no derrotismo e em atitudes afins, no tocante ao ideal de consagrado. O foco no "mais" possibilita superar defeitos e limitações, descobrir novas perspectivas e chances de crescimento, transformar os fracassos em trampolim para futuros projetos, buscar as melhores formas de responder os desafios que vão surgindo. Em outras palavras, a busca do "mais" dinamiza a caminhada e lhe dá valor.

Ao se deparar com formandos impulsionados pelo "mais", será responsabilidade do formador ajudá-los a manter viva a chama do ideal e seguir adiante com otimismo e esperança. Quando um formando perde o encanto da vocação e tende a se acomodar, caberá ao formador intervir para verificar as causas e os remédios necessários. Ao se mostrar fechado aos estímulos e às mediações oferecidas, não dando esperança de mudança, por uma séria conversão, isso seria motivo para lhe propor o desligamento da formação. O corpo apostólico da congregação cresce com a presença de novos membros sempre em busca do "mais".

- Criticidade com caridade. O senso crítico, nos limites da boa educação, da caridade e da objetividade, faz parte das virtudes dos formandos. Formandos amorfos, ingênuos, influenciáveis, indecisos, são presenças indesejáveis nas casas de formação. O senso crítico caridoso expressa-se com palavras e atitudes respeitosas, demonstrações de esforço para não ferir nem humilhar o outro, tampouco, criar conflitos indesejados. Por isso, os formandos mal-educados e grosseiros em suas críticas devem ser devidamente confrontados. Não se pode contemporizar com as palavras ácidas e destrutivas de formandos, atenuando a gravidade desse desvio de conduta.

4. Atitudes negativas dos formandos

Existem posturas equivocadas dos formandos, no trato com o formador, que os impedem de serem ajudados. Mas, também, que os incapacitam de colaborar com o processo de amadurecimento pessoal do formador. Eis o elenco de alguns modos de proceder a serem evitados pelos formandos:

- A autossuficiência. Os formandos autossuficientes julgam bastar-se a si mesmos e consideram a presença do formador uma forma de intromissão dispensável em suas vidas. Estão convencidos de poderem caminhar sozinhos, dispensando a ajuda de quem a congregação destinou para acompanhá-los. Sentem-se tratados como crianças, cada vez que o formador lhes cobra algo. O formador só será procurado quando houver alguma necessidade especial. Pode até acontecer de se tornar uma presença descartável na vida deles.
- A hostilidade. Existem formandos hostis no trato com o formador, sem que este tenha consciência dos motivos dessa postura. Tendem a ser intolerantes, agressivos, grosseiros, até por motivos banais. No âmbito da formação, a raiz da hostilidade de certos formandos poderá ser a identificação do formador com a figura paterna ou materna. As atitudes agressivas indicam regressão a estágios infantis da personalidade, em que as relações com os genitores foram conflitivas. Se não tiverem trabalhado essa dimensão de sua história, carregarão

pela vida a tendência inconveniente de confrontar todos quantos lhe parecerem encarnação da autoridade paterna ou materna. O formador desavisado poderá entrar em crise por não saber identificar os motivos de certas atitudes ofensivas dos formandos.

- O igualitarismo. Atitude indesejada dos formandos consiste em quererem se colocar em pé de igualdade com o formador, como se as relações entre eles fossem simétricas. E exigirem que, para formador e formandos, valham as mesmíssimas regras. O formador, nesse horizonte, seria um a mais na casa de formação, com os mesmos direitos e obrigações dos formandos. Por mais que o formador se sinta na obrigação de se fazer próximo dos formandos, deve tratá-los com a máxima humanidade e tê-los como companheiros de caminhada; a identidade e o papel deles na casa de formação são muito distintos. Cabe aos formandos reconhecerem esse fato como normal na dinâmica da formação.
- O isolacionismo. As redes sociais têm promovido o isolacionismo dos formandos, que se alienam no mundo virtual, onde navegam por águas desconhecidas pelo formador. A dinâmica da formação será prejudicada na medida em que se desconectam dos objetivos visados pelo plano de formação congregacional e se tornam escravos do inseparável smartphone. Será preciso atenção redobrada pelo risco real de se tornarem dependentes do aparelho, do qual já não conseguem se descolar.

- A adultez antecipada. Existem formandos muito jovens, especialmente quem teve contato prolongado com religiosos e comunidades religiosas, antes de serem acolhidos na congregação, com a tendência a se comportarem, já nos primeiros anos da formação, como se fossem religiosos adultos. Tendem a considerar tudo como já conhecido, carecendo de humildade para se deixarem ajudar no processo penoso de inserção real no corpo apostólico da congregação, com resultados às vezes pouco visíveis. Poderão ser levados pela tentação de assumir posturas artificiais, de modo a dificultar que o formador perceba seu real amadurecimento. Caso perseverem na congregação, com grande probabilidade sofrerão as consequências de terem queimado etapas no processo formativo: não fizeram o percurso que leva da infância à madurez espiritual característica da congregação pela qual optaram.
- A suspeita. Formandos carregados de feridas psicológicas e afetivas, causadas no universo familiar, já na primeira infância, que não trabalharam seus traumas, são inclinados a colocar tudo sob suspeita, de modo especial, o que vem do formador. Insistem em ver perseguição, exclusão, marginalização, marcação em qualquer iniciativa do formador que os toca. São desconfiados e ariscos, vendo sempre as coisas pelo avesso, com o objetivo de descobrir algum preconceito do formador em relação a eles, com a intenção camuflada de prejudicá-los. Os

formandos suspicazes têm sempre justificativa para estar em conflito com o formador.

- A competição. Formandos imaturos envolvem-se em frequentes porfias com os colegas, como o objetivo de granjear as atenções e os elogios do formador, ou simplesmente dar vazão ao seu complexo de superioridade. Querem se mostrar melhores em tudo: mais inteligentes, eficientes, criativos, disponíveis. Enfim, são sempre os "primeiros"! Pode acontecer de a situação se tornar incontrolável, de modo a transformar o formador em gestor de guerras, inimizades e facções entre os formandos. Triste realidade numa casa de formação, onde deveriam estar pessoas preocupadas em caminhar para Deus!

- A dependência. Na contramão dos formandos que brigam para ser os maiores e melhores em tudo, gerando tensões, estão os dependentes, sem iniciativa, que sempre ocupam os últimos lugares e se recusam a ser protagonistas da própria formação. São os eternos atrelados ao parecer, à ordem, à presença do formador, cuja ausência lhes faz sentirem-se de pés e mãos atados. Existem formadores que dão asas a tal atitude nociva como forma de manter os formandos sujeitados a si, numa submissão infantil. Por sua vez, existem formandos impotentes para superar a tendência a serem indevidamente dependentes do formador, mas também dos colegas, apesar de a pedagogia da formação praticada na casa de formação apontar noutra direção.

- O indiferentismo. Formandos altamente complexados ou com sentimentos de inferioridade tendem a ser apáticos e desprovidos da capacidade de tomar decisões por si sós e de darem mostras de senso crítico em face do formador ou dos colegas. Aceitam tudo com "docilidade", de modo a não criarem problemas e deverem se confrontar com pontos de vista contrários aos seus. Para eles não importa se o vento sopra para o Norte ou para o Sul, pois concordam com tudo e aceitam tudo, numa passividade irritante.

O processo formativo flui de maneira adequada quando os formandos superam as atitudes negativas na relação com o formador e, vice-versa, o formador supera as atitudes negativas no trato com os formandos. Aí sim o processo será frutuoso e benéfico para a congregação, para a Igreja e para a sociedade. Obviamente isso depende do esforço sincero de ambas as partes. Formadores e formandos com tal disposição só se encontram em congregações onde se leva a sério a seleção tanto de uns quanto de outros!

5. Os referenciais inspiradores

Os religiosos com extensa trajetória na congregação, ao longo da qual desbravaram um caminho bonito de realização pessoal pelo testemunho de humanidade, de fé, de amor pela congregação e de serviço dos empobrecidos e marginalizados, tornam-se referenciais de alta qualidade para as novas gerações. Os formandos bem-intencionados, por sua vez, olham para os religiosos provectos com enorme interesse e admiração, por lhes servirem de espelho da meta que almejam alcançar.

Por outro lado, cursos, livros, palestras, retiros, oficinas sobre formação mostram-se ineficientes na eventualidade de lhes faltar o testemunho do formador, a quem foram confiados na caminhada para Deus. Resultam extremamente danosos o contratestemunho, a inautenticidade, a duplicidade, a dissimulação e os discursos vazios dos encarregados pela formação na VRC. Vale recordar a posição do Mestre Jesus de Nazaré, ao exortar os discípulos quanto à hipocrisia de certos escribas e fariseus. Muito exigentes e rigorosos com as pessoas simples, eram permissivos e laxistas com si mesmos e seus cúmplices. Os discípulos do Reino são encorajados a fazer o que eles ensinam, jamais a imitar suas ações, "pois dizem e não fazem" (Mt 23,2). A pedagogia de Jesus segue noutro sentido: "eu lhes dei um exemplo, para que vocês façam do modo que eu fiz" (Jo 13,15).

Os formandos não esperam que o formador seja perfeito, impecável, livre de qualquer deficiência. E sim que dê mostras de autenticidade na vivência da vocação e se esforce para crescer, a despeito dos defeitos e limitações. Aliás, a sinceridade e a coerência transformarão as imperfeições e as deficiências em trampolins para novos passos. Esse modo de proceder do formador, compreendido e assimilado pelos formandos no início do processo formativo, com certeza, produzirá bons frutos no decorrer da jornada na VRC.

Um fato recorrente diz respeito à atitude de religiosos que, com a profissão perpétua, riscam do rol de seus interesses o esforço pela formação continuada. Para eles, tudo se restringiu à formação inicial, que deveria ter sido uma base de propulsão para permitir-lhes alçar voos cada vez mais altos. A força propulsora da formação inicial se mede pela altura alcançada pelos religiosos no dia a dia de sua consagração. Se, não muito tempo depois da profissão perpétua, perdem o encanto pela vocação, contentam-se com ideais medíocres, cansam-se com pouca coisa, dessa forma, pode-se deduzir quão precária foi sua formação inicial. Embora perseverem na congregação, jamais poderão ser tomados como referencial para as novas vocações. No polo oposto, quando o religioso caminha com garra, sempre em busca de grandes ideais, consumindo a vida num incansável serviço ao próximo, testemunhará a consistência da formação inicial. As novas vocações terão nele um modelo no qual se inspirar.

Fica em aberto a possibilidade de algum religioso receber uma boa formação inicial, ter caminhado, por certo tempo, com firmeza e, posteriormente, resvalar para a infidelidade à vocação. Ou, ao revés, fazer uma precária experiência de formação inicial, mas, com o passar do tempo, por vários fatores, dar a volta por cima e retomar o caminho da oblatividade e da fidelidade à consagração. Espera-se do formador que esteja no bom caminho do crescimento vocacional, não obstante possa ter cometido algum deslize no passado. O testemunho de conversão e retomada do "primeiro amor" poderá ser apresentado aos formandos como experiência válida de caminhada vocacional feita com honradez diante de Deus, da congregação e de si mesmo.

O testemunho de vida do formador, bem como o dos religiosos veteranos, mormente os de idade avançada, apontam para a factibilidade do ideal da VRC, com suas exigências e desafios. Se os formandos não estão convencidos disso, não encontram quem seja a encarnação desse ideal ou pensam na VRC como meta superexigente e demasiado elevada, provavelmente, haverão de desanimar. Poder contemplá-lo encarnado no dia a dia do formador e de tantos outros religiosos felizes e animados em sua vocação será incentivo a seguirem adiante com alegria e esperança.

A presença nas casas de formação de um ou outro religioso veterano, de mais idade, mostra-se altamente conveniente. Religiosos cujas atitudes são um sinal convincente de realização pessoal, cuja alegria demonstra estarem de bem com a vida, serão capazes de inspirar e de incentivar as novas vocações. Quiçá marcarão os formandos mais que os formadores designados pela congregação. A verdade dessa afirmação se constata na conversa com algum formando que teve a chance de conviver com religiosos desse quilate. Serão muitos os testemunhos de agradecimento de quem foi marcado positivamente pela convivência, nas etapas iniciais da formação, com religiosos idosos, felizes por terem consumido suas vidas na convivência com os irmãos de congregação e nas ações levadas adiante em favor dos mais pobres, em múltiplas frentes de missão.

6. Formandos formadores

Um formando responsável e adulto poderá ter influência muito benéfica em relação aos companheiros de caminhada. Tal presença formativa deverá ser bem administrada, com o acompanhamento do formador, bem como vivida com discernimento, senão se cairá na tentação de substituir o formador e se antecipar no conhecimento e no encaminhamento de situações complicadas dos companheiros.

O formador inexperiente poderá ser tentado a transferir para esses formandos tarefas que não lhes compete, com as quais não quer ocupar-se ou que não quer enfrentar. Importa definir bem os papéis, a fim de se evitarem mal-entendidos e atitudes agressivas de formandos resistentes em aceitar que algum colega se intrometa em sua vida. A ingerência de um formando na vida do outro, então, poderá ter desdobramentos desagradáveis. E o formador terá dificuldades de recolocar as coisas nos devidos lugares!

O formando capacitado para ajudar os companheiros deverá ter clareza das balizas de sua atuação, mantendo uma postura de humildade e disposição para servir. Cuide o formador de não o exaltar defronte dos companheiros, tampouco apresentá-lo como modelo e exemplo para os demais. Atitudes dessa natureza causam animosidade e rejeição dos formandos, tanto em relação ao companheiro louvado quanto ao formador. Com isso o formando "exemplar", ao atrair sobre si uma onda de antipatia, fica impedido de ter uma presença benfazeja junto aos demais. O formador lúcido jamais cairá nessa armadilha! Antes se referirá ao formando em questão de maneira discreta, não lhe dispensando tratamento especial ou lhe concedendo privilégios. Tampouco aquele formando exigirá isso do formador! Mas sim agirá com a máxima despretensão e discrição, nada exigindo em troca. Sua colaboração será inteiramente altruísta!

***

Os formandos podem exercer um papel importante na formação do formador. Afinal, a formação constrói-se como caminho de múltiplas mãos. O fato de o formador estar sempre na mira dos formandos torna-se, assim, compreensível, no pressuposto de serem motivados por interesses sinceros, expressão de amizade e fraternidade. Espera-se do formador abertura para acolher, com a simplicidade evangélica de quem se esforça para crescer, o que Deus lhe oferece pela mediação dos formandos. Estes, por sua vez, devem se sentir motivados a cultivar relações construtivas com o formador, características de quem se sente grato pela ajuda recebida e desejoso de retribui-la à altura.

VI A TRANSPARÊNCIA NA FORMAÇÃO MISTAGÓGICA

A formação exige de formadores e formandos um esforço diuturno de construir relações fundadas na transparência. A falta desse requisito bloqueia a dinâmica formativa, pois a relação formador-formando acontecerá em bases falsas, por não se conhecer, nos limites da possibilidade, a verdadeira identidade do interlocutor. As consequências das relações distorcidas se tornarão perceptíveis em curto, médio e longo prazos.

A formação enquanto mistagógica motiva os formandos a serem sempre mais transparentes. Se o formando percebe estar em processo de crescer em transparência, será um indicador de que faz uma experiência verdadeira de Deus, que o liberta de suas amarras. Pelo contrário, ao se fechar e se tornar sombrio, enigmático, misterioso, dissimulado e arredio, com grande probabilidade, se afasta de Deus e, por consequência, vem à tona o avesso de sua verdade. Desvelar-se e revelar-se são frutos da graça no coração humano.

O tema da transparência, implícita ou explicitamente, faz-se sempre presente, quando se trata da formação na VRC. Afinal, a formação constrói-se nas muitas inter-relações, nas quais todos são desafiados a superar os elementos perturbadores da comunhão fraterna, de modo a facilitar o caminho para Deus. Dentre eles, a hipocrisia, quiçá, seja o pior de todos.

1. Transparência: o que é?

A transparência decorre da relação entre *ser* e *parecer*. Quando ser e parecer estão em perfeita correlação, o resultado será a transparência. A pessoa dá a conhecer sua condição mais profunda. A humanidade no trato com o próximo nada tem de exibicionismo ou segundas intenções. Antes expressa a bondade de um coração misericordioso. No entanto, a transparência pode acontecer ao revés. A malignidade no trato com o próximo provém de um coração perverso. Enquanto um transparece compaixão, o outro transparece perversidade.

Quando o parecer não corresponde ao ser, temos a falsidade e a hipocrisia. Acontece com quem por fora dá mostras de ser uma coisa, quando sua verdade interior segue noutra direção. Externamente passa a impressão de ser honesto, tem um linguajar cativante, promete mundos e fundos, enquanto, no íntimo, cultiva planos maquiavélicos. A malignidade encobre-se com a aparente benevolência. A rigidez e a intransigência de alguém podem mascarar sua insegurança, fraqueza e entraves afetivos.

Entretanto, existe a chance de alguém ser tímido e reservado, passando a imagem de um ser humano limitado e incapaz, quando, na verdade, traz dentro de si um enorme potencial que o permitiria ser comunicativo e expansivo. Aqui, não se poderia falar em fingimento, por se tratar de bloqueios psicológicos que impedem o indivíduo de se abrir e mostrar a riqueza de seu interior. O ser não se torna parecer! Os entraves interiores podem torná-lo amargo, tenso, ansioso, infeliz. Uma eficiente psicoterapia teria o efeito de desbloqueá-lo, ajudá-lo a estar de bem consigo e, por consequência, permitir-lhe deixar fluir espontaneamente a riqueza escondida em seu coração.

Exigir de alguém parecer o que não corresponde ao seu ser, à sua verdade, consiste num esforço inútil. De um egoísta não se peçam gestos de altruísmo e oblatividade. De um violento e vingativo, não se espere disposição para o perdão e a reconciliação. De um preguiçoso, não se conte com colaboração e solidariedade. Quando a pessoa age em desacordo com o seu íntimo, mostrar-se-á artificial, sem poder de convencimento. Caso uma pessoa verdadeira e credível ouse dizer uma mentira, será desmascarada por sua própria fisionomia. A mentira lhe causará tamanho incômodo e desassossego, a ponto de acabar dizendo a verdade.

O processo formativo mistagógico favorece a confluência entre ser e parecer na vida do formando. Quanto mais autêntica e visível tal experiência, tanto mais exitosa estará sendo a caminhada da formação. Porém, se o formando insiste em acobertar o que se passa em seu interior e não se dá a conhecer, optando pelo caminho da dissimulação, isso pode ser indício de não possuir as bases mínimas para iniciar o processo de formação na VRC, ou simplesmente não ter vocação para esse carisma. Todavia, supõe-se estar sendo aplicada uma pedagogia apta a facilitar a transparência, sem que os resultados se façam perceber.

A contínua interação entre ser e parecer permite ao formando adentrar a própria verdade e tomar consciência de suas potencialidades e limitações, dos passos dados e do caminho a ser percorrido, dos ideais acalentados e das metas alcançadas. O processo de se autodescobrir e revelar-se permite-lhe dizer a verdade sobre si mesmo, num exercício saudável de transparência, malgrado reconhecer a impossibilidade de dizer a palavra última e definitiva sobre si, pois, a cada passo, descobre novas verdades, até então, desconhecidas.

2. Um caminho de muitas mãos

O requisito da transparência dos formandos no trato com o formador e com a congregação apresenta-se como normal. Igualmente normal deverá ser a exigência de transparência do formador e da congregação no trato com os formandos, dos formandos entre si e de cada formando consigo mesmo. A transparência constrói-se como um caminho de múltiplas mãos!

Do formando ao formador – do formador ao formando

Desde os primeiros passos no processo formativo, espera-se dos formandos suficiente abertura de coração que os permita dar-se a conhecer, de modo a serem ajudados na caminhada formativa, levando em consideração a verdadeira realidade de cada um, nos limites em que pode ser conhecida e verbalizada. Só então se poderá avaliar o que mais convém a cada um e adaptar o programa de formação às suas urgências pessoais e à capacidade de assimilá-lo.

De sua parte, espera-se do formador igual transparência no trato com os formandos, em duas vertentes: dando-se a conhecer aos formandos, de modo a saberem com quem estão lidando; explicitando a pedagogia da formação, o que se espera deles, que horizontes a congregação lhes descortina, que desafios serão encontrados. Transformar a formação numa caixinha de surpresas e fazê-la depender do humor e dos gostos do formador não é aconselhável. Tão chocante quanto a não transparência do formando pode ser a não transparência do formador.

O primeiro caso pode ser ilustrado com o formador que tem conhecimento de fatos graves ligados a um ex-formando, quando esse já se desligou da formação e abandonou a congregação. Enquanto era formando, jamais se suspeitou de estar envolvido em situações incompatíveis, como o ideal da VRC, até as escandalosas. O formador não conhecia a real situação do formando, que não teve a grandeza ou a coragem de ser transparente com ele. Pode acontecer, também, de o formando afinal ser transparente quando já se decidiu a abandonar a caminhada formativa e se desligar da congregação. Tem razão o formador ao questioná-lo: "Por que você me fala isto agora, com a decisão já tomada?".

Uma ilustração de não transparência do formador seria o desligamento do formando do processo formativo, sem que lhe sejam ditos os motivos verdadeiros, tampouco que seja o desfecho de um acompanhamento pessoal. Um belo dia, o formador chama o formando para uma conversa, em que lhe comunica sua decisão, como "um raio em céu azul". Então, debulha um rosário de fatos recentes e antigos, para os quais o formando jamais fora alertado, não lhe dando espaço para explicações. O formando terá motivos para se perguntar: "Por que me falar dos meus defeitos, se já decidiu mandar-me embora?". O ressentimento e a raiva serão reações compreensíveis.

Como se vê, a transparência pode se configurar como uma questão de respeito ao semelhante. Em termos evangélicos, uma questão de caridade devida ao próximo. Ou, em termos mais contundentes, uma questão de justiça. Em ambas as situações referidas, tanto o formando quanto o formador pecaram contra a transparência e foram injustos no trato recíproco. Existem circunstâncias, no âmbito da formação, em que a falta de transparência se configura como mau-caratismo, seja do formando, seja do formador.

Da congregação ao formando – do formando à congregação

Na relação com os formandos, desde o início da caminhada formativa, será preciso deixar claro o que se pretende: etapas, metas, pedagogia, requisitos, recursos, perspectivas de missão. A formação corresponde à resposta da congregação à opção dos formandos de viverem a vocação batismal no projeto de vida encarnado em determinada família religiosa. Em se tratando da história de Deus na vida deles, a congregação vê-se na obrigação de descortinar-lhes o futuro missionário, para o qual se prepararão, evitando tratá-los como marionetes, pedras de xadrez, manipuláveis ao seu bel-prazer.

A transparência exige que a congregação jogue de forma aberta com os formandos para que, no futuro, não sejam confrontados com missões para as quais se sintam despreparados ou que não correspondam a seus talentos e aptidões. Evidentemente, por fazer parte de um corpo apostólico, os formandos terão suficiente abertura para se confrontarem com surpresas missionárias que escapam a qualquer controle. O senso de fraternidade e de solidariedade irá torná-los capazes de superar seus *handicaps*, em vista dos desafios enfrentados pela congregação, em situações de emergência.

Na medida em que os formandos tenham abertura para a congregação, dispõem-se a partilhar com o formador e os superiores seus limites e capacidades, seus anseios e temores. O diálogo permitirá compatibilizar o que trazem consigo com o carisma e a missão congregacionais. A pertença a um corpo apostólico exigirá deles relativizar os projetos pessoais, não os considerando absolutos e intocáveis. Torna-se impossível articular uma ação missionária congregacional quando cada religioso se aferra às próprias aspirações, esquecendo-se de que faz parte de uma "família" de servidores do Reino.

Cabe à congregação ter suficiente sabedoria para aproveitar, ao máximo, os dons dos formandos, valorizando-os e potencializando-os, para, dessa forma, prepará-los da melhor maneira possível para o exercício da missão. Em momento algum a congregação poderá perder de vista seus formandos. Estes, por sua vez, jamais poderão esquecer o compromisso assumido com a congregação e as obrigações dele decorrentes. O movimento que vai da congregação aos formandos, e vice-versa, tem a transparência como pressuposto. Quanto maior a transparência, tanto mais as inter-relações fluirão em benefício de ambas as partes.

Pode acontecer de, em certas circunstâncias, esse movimento se desenrolar de forma dolorosa. Não convém escamotear as dificuldades, para o bem da congregação e dos formandos. Existe a possibilidade de os conflitos terem como motivo a falta de transparência. Quem está seguro de sua vocação e ama a congregação pela qual optou, fará todo esforço para jogar limpo com o formador e os superiores. Estes corresponderão à sinceridade dos formandos, com o pressuposto de olhá-los como benignidade, com o firme propósito de ajudá-los a serem obedientes ao querer de Deus.

Dos formandos entre si

As relações tecidas entre os formandos de uma congregação têm fortes incidências mútuas para o bem e para o mal. Pode acontecer de determinado formando ter mais influência na caminhada de um colega do que o formador e a congregação. Essa interferência pode dar-se de maneira aberta ou oculta. Cabe ao formador estar atento, de maneira especial, para as ingerências negativas de um formando na vida do outro.

A responsabilidade pela formação dos companheiros de caminhada deve estar na consciência de todos os formandos. Afinal, cada um, conscientemente ou não, assume o papel de formador na vida do outro! Essa incumbência mútua resultará em gestos concretos na medida da transparência dos formandos entre si. Em muitas ocasiões, a palavra e o incentivo de um companheiro, com quem se abriu o coração, têm efeito decisivo na vida de alguns formandos.

A convivência entre os formandos possibilita-lhes conhecer mais a fundo uns aos outros, quiçá pela quebra das barreiras no linguajar, nos gestos, nas reações. Com o formador, os formandos tendem a ser mais comedidos, pesar as palavras, moderar as reações, para não serem malvistos e avaliados negativamente. O espaço aberto pela transparência possibilita a intervenção positiva dos formandos na caminhada dos outros, na linha da correção fraterna, da abertura de horizontes, da indicação de opções a serem feitas. Contudo, a possibilidade de intervenção nociva deve ser considerada, quando as inter-relações acontecem entre formandos de baixa densidade espiritual e humana.

Um risco a ser severamente evitado diz respeito à conivência. Formandos temerosos de se abrirem para o formador partilham os problemas com seus "melhores amigos". Estes, em vez de chamar-lhes a atenção para as condutas indevidas, acabam por apoiá-los em seus caminhos transviados. A cumplicidade perniciosa dá aos formandos de má índole a sensação de agir corretamente. A partilha do malfeito parece aliviar-lhes a consciência, se bem que com a consequência de mantê-los no erro.

Só exerce uma ação formativa o formando que se dispõe a ser crítico, com caridade e discernimento, no trato com os demais, mormente os infiéis aos seus compromissos. E não quem se prontifica a justificar as condutas censuráveis dos companheiros de formação. Atua igualmente como formador quem estimula os companheiros a caminhar, se dispõe a ajudá-los em suas dificuldades e partilha com eles seus sonhos e ideais.

Dos formandos com si mesmos

A autotransparência resulta do empenho de ser honesto com si mesmo. Corresponde à autoimagem feita da maneira mais objetiva possível. Existem duas armadilhas para se atingir esse escopo. A primeira tem a ver com a superestima pessoal, empecilho para o indivíduo ver suas limitações e defeitos, como se possuísse apenas virtudes.

Em tudo se considera o primeiro, o melhor e o maior. Suas virtudes são superdimensionadas, a ponto de cegá-lo em relação às imperfeições. Tais pessoas tendem a recusar as correções e, por isso, perdem a chance de serem ajudadas, embora sua autoimagem esteja construída sobre bases questionáveis e ilusórias.

A segunda coloca-se no polo oposto e tem a ver com as pessoas que se subestimam e se recusam a reconhecer as próprias possibilidades e potencialidades. Por mais que alguém lhes mostre os pontos positivos, insistem em suas deficiências e incapacidades. Agem como se nada tivessem de bom, apesar de os amigos reconhecerem abertamente suas qualidades.

Ambos os complexos, de superioridade e de inferioridade, impedem as pessoas de serem autotransparentes, pois distorcem a visão que têm de si mesmas. A autotransparência segue o caminho intermediário. A pessoa reconhece suas potencialidades e seus limites, suas virtudes e seus defeitos, seu lado positivo e seu lado não tão bom. No trato com os demais, sabe acolher as correções e faz uso delas para crescer. Tem consciência do longo caminho a ser percorrido, no sentido de polir as arestas de sua personalidade, e se empenha com sinceridade para fazê-lo, servindo-se dos instrumentos que lhe são postos à disposição. O reconhecimento dos defeitos não a deixa triste, antes, motiva-a a enfrentá-los e corrigi-los em vista de crescer sempre mais. O reconhecimento das qualidades, por sua vez, não a envaidece, por ter consciência do largo caminho a ser trilhado.

A autotransparência exige um confronto continuado da pessoa consigo mesma, na mais total verdade, mas com paz de espírito. Essa experiência, entretanto, pode ser traumática, a ponto de produzir a tentação de censurar e querer apagar certas marcas deixadas por traumas do passado. O exercício da autotransparência conduz à integração dos pontos contrastantes da verdade pessoal, pelo reconhecimento de ser essa a realidade de todo ser humano. Que história pessoal se constrói apenas de narrações bonitas e positivas? Por outro lado, que história pessoal consiste somente em desacertos e negatividade? Quem tem só virtudes? Mas quem só tem defeitos? Reconhecer a complexidade da existência humana serve de base para a autotransparência.

A dinâmica da formação na VRC comporta o dever de se colocar num processo de contínua autotransparência servindo-se dos meios oferecidos pela congregação. Recusar-se a entrar nessa dinâmica humano-espiritual poderá ser indício de falta de vocação para um projeto de vida no qual a honradez consigo, com Deus, com a congregação e com os companheiros de formação constitui-se em alicerce para uma caminhada bem-sucedida.

3. A transparência processual

Ninguém se conhece totalmente, antes se vai conhecendo ao longo da vida, sempre nos limites de um conhecimento limitado e imperfeito. Donde a possibilidade de se surpreender consigo mesmo, ao tomar certas atitudes das quais jamais pensaria ser capaz. Há quem se pergunte, ao se defrontar com fatos consumados: "Como fui capaz de fazer isso?", "Nunca pensei que pudesse fazer tal coisa!". Essas reações demonstram quão pouco a pessoa se conhecia.

A autotransparência exige do ser humano disposição e persistência em se confrontar com o próprio eu, a própria história; mergulhar no mais profundo de si; ultrapassar um por um os véus que encobrem seu mistério. A coragem de caminhar na direção do mistério pessoal tem o poder de libertar os indivíduos de suas amarras, ao ser acolhido e integrado. A falta desse estado de espírito terá como efeito atolar as pessoas num mar de revoltas e de ressentimentos de desfechos imprevisíveis.

O autoconhecimento gradativo permite ao indivíduo direcionar sua vida da forma mais conveniente. Quanto menos se conhece e tem uma visão opaca de sua verdade mais profunda, tanto mais tomará decisões equivocadas a serem lastimadas no futuro. O conhecimento de si, mesmo em se tratando de uma experiência amarga, se recomenda.

Ninguém se conhece inteiramente e, de igual modo, consegue se dar a conhecer de maneira plena, ainda que tenha boa vontade. Existem pessoas bloqueadas, incapazes de romper o círculo do *eu*, ainda quando se esforçam. Outras têm mais facilidade por serem menos bloqueadas. Ainda assim, estão sempre sujeitas a surpresas.

A atitude correta consiste em se manter sempre pronto para aceitar as novas "revelações" pessoais, bem como as dos outros. Afirmações do gênero: "Eu sei quem eu sou!", "Eu me conheço!", ou "Conheço fulano como a palma de minha mão", correm o risco de serem a cada passo desmentidas. "Nunca pensei que eu pudesse fazer tal coisa", "Jamais esperava isto de fulano", "Cicrano deixou-me decepcionado com a reação dele" expressam a frustração de quem acalentava a ilusão de se conhecer ou conhecer o outro, na contramão dos fatos. E, de um golpe, vê sua pretensão cair por terra. Por conseguinte, a impossibilidade de se autoconhecer e de conhecer o outro de maneira cabal pede prudência, para se evitarem decepções previsíveis.

Ninguém tem o direito de cercear o outro, colocando-o numa camisa de força para torná-lo previsível. Longe disso, deve respeitar-lhe a liberdade, pois nele habita o mistério insondável e Deus constrói uma história com ele. Enquanto ser *"ad*-mirável" – para ser contemplado –, carrega em si infinitas expectativas. Enquanto ser aberto para a Transcendência, vê-se desafiado em sua capacidade de decisão tanto na linha da fidelidade quanto da infidelidade a Deus. Enquanto ser de relações, deve construir sua caminhada no exercício incessante da liberdade, que exige fazer opções que passarão a fazer parte de sua história.

O esforço de ser transparente consigo memo e com os outros, numa caminhada ininterrupta, não pode limitar-se a um incessante tocar em feridas e remexer coisas do passado, das quais alguém quer se ver livre. O olhar da fé e da espiritualidade projeta luzes sobre as facetas sombrias da existência e permite descortinar horizontes novos até então impensáveis, onde tudo era considerado o avesso da vida. O dedo de Deus se mostrará, ali, onde tudo parecia sem sentido. E o resultado poderá surpreender: a rejeição e a censura do passado darão lugar à aceitação e à integração no presente. Serão entendidas como parte de uma história, com suas luzes e sombras. Essa experiência de libertação, dinamizada pelo Espírito de Deus, será fonte de alegria e de esperança.

O processo formativo na VRC numa linha mistagógica deve ajudar os formandos a crescerem em autotransparência e em autoconhecimento de modo a se darem conta não só da enorme riqueza colocada por Deus em seus corações, de suas potencialidades para explicitá-las e pô-las a serviço dos demais, mas também dos elementos negativos e desumanizadores a serem devidamente trabalhados. Essa postura na relação consigo mesmo terá seu complemento na relação com os outros a serem tratados com a mesma delicadeza e respeito.

Os formandos serão conscientizados da importância de perceber como todos devem fazer idêntica experiência de buscar ser transparente consigo mesmo e com os demais. A presença do formador, com a pedagogia e os meios adequados, será tanto mais efetiva na medida em que se esforçar, com todo empenho, para alcançar um autoconhecimento cada vez mais profundo.

4. A transparência condicionada

A construção da transparência tem seus condicionamentos. Muitos fatores influenciam-na, positiva ou negativamente. Na medida em que a pessoa se liberta dos fatores negativos, estará em melhores condições de trilhar o caminho da transparência, com suas exigências e consequências.

O histórico familiar tem um papel determinante em se tratando de transparência. Existem pessoas orientadas desde cedo para serem transparentes e dizerem a verdade; outras, não. No caso dos formandos, pode acontecer de terem sido educados num ambiente onde a transparência não era valorizada, pois a sobrevivência dependia do agir às escondidas, no anonimato ou de maneira velada. Assim se passa nos regimes ditatoriais e totalitários, onde o partido e a máquina do Estado exercem severo controle sobre os cidadãos, para puni-los ao menor deslize contra as regras estabelecidas. Nesse caso, a transparência torna-se perigosa. Dizer o que se pensa pode levar à prisão e à morte, sem possibilidade de defesa.

Situação semelhante pode ocorrer no âmbito familiar, onde um pai severo e sempre pronto para punir leva os filhos a serem retraídos e fingidos. Que filho terá coragem de expressar-se com transparência, defronte do pai irascível, fechado para o diálogo e incapaz de contemporizar? Caso seja aceito na VRC, ao se deparar com o formador, apesar de ele não agir como o pai biológico, terá extrema dificuldade de se abrir e expressar a própria verdade. Isso lhe exigirá enorme investimento, inclusive com recurso à psicoterapia ou à psicanálise.

As relações estabelecidas no âmbito das redes sociais podem estimular e favorecer a falta de transparência. Ninguém está impedido de criar falsas identidades e falsas histórias. O indivíduo corajoso para expressar suas opiniões, até com grosseria, acobertado pelo anonimato da internet, no trato pessoal poderá se mostrar medroso e incapaz de se confrontar de igual para igual com os outros. Multiplicam-se os casos de pessoas que se surpreendem nos contatos pessoais com indivíduos conhecidos nas salas de *chats*. A imagem virtualmente cultivada pode corresponder ou não ao real.

A postura do formador condiciona o desabrochar da transparência dos formandos. O bom formador sabe como criar um ambiente facilitador da transparência, consciente de seus condicionamentos e os dos formandos. O mau formador, diversamente, dificulta o processo, a ponto de levar os formados a escolherem o caminho da hipocrisia para se manterem na congregação, e criarem mecanismos de defesa para enfrentar o formador que não os aceita como são, quando aqui se encontra o ponto de partida para se desencadear um dinamismo de crescimento humano e espiritual. Embora essa classe de formadores seja bastante encontradiça, o bom senso desaconselha confiar a formação a pessoas desse feitio.

O processo de transparência implica componentes psicológicos de ambas as partes, do formador e dos formandos. Transferências, traumas, bloqueios, medos, preferências são situações que condicionam negativamente o processo de abertura do formador no trato com os formandos e vice-versa, donde a importância de se criar, no âmbito da formação, condições favoráveis para se alcançar a máxima abertura nos variados níveis e contextos de relações. Na direção oposta, trata-se de demarcar o poder de influência dos condicionantes negativos.

5. Os níveis da transparência

Quanto mais profunda a transparência, mais facilitado será o processo formativo. Se não superar o nível da superficialidade, dificilmente se desencadeará um processo formativo. Daí ser imprescindível levá-la a sério em todas as etapas da formação, mais amplamente, ao longo de toda a vida.

A transparência atinge níveis sempre mais profundos na medida em que cresce a confiança entre as pessoas implicadas, em variadas vertentes. A boa fama cultivada entre formador e formandos, entre formandos e congregação, entre os próprios formandos terá como efeito atingir níveis cada vez mais profundos de transparência. A desconfiança produzirá o efeito contrário, de modo a impossibilitar a formação.

A estabilidade nas relações entre formador e formandos ou entre formandos e acompanhantes espirituais favorece a construção da transparência. Formandos que, ao longo do ano, são confiados a dois ou três diferentes formadores, sucessivamente, terão grande dificuldade de exercitar a transparência. Torna-se pesado e cansativo começar da estaca zero ao chegar cada novo formador. Os formandos acabam por se tornar formais, acomodados e indispostos para entabular relações transparentes com formadores de passagem. A boa vontade e a predisposição para serem transparentes podem esgotar-se. Daí a importância de se cuidar para garantir certa estabilidade nas equipes de formação.

Coisa semelhante seja dita em relação aos orientadores espirituais. A confiabilidade e a consequente transparência são adquiridas no decorrer do diálogo espiritual. A rotatividade poderá levar os formandos a se contentarem com a partilha de detalhes episódicos de sua história, quiçá irrelevantes, com a omissão do que realmente importa para que sejam mais bem conhecidos e ajudados.

Determinados tópicos da verdade pessoal são de difícil verbalização, já que os formandos são incapazes de abordá-los com serenidade, seja porque não os aceitam ou temem a incompreensão do formador. Entretanto, nem tudo pode ser verbalizado e partilhado como se gostaria. Muitos dados de sua verdade pessoal o indivíduo carregará sozinho, por reconhecer a inconveniência de partilhá-los com outrem. Questões referentes à afetividade e à sexualidade são as de mais difícil abordagem, por serem temas tabus nas famílias e na sociedade, não obstante o ambiente de permissividade sexual da cultura contemporânea. O fenômeno da liberação sexual salta aos olhos. Mas, quando se trata de ser transparente com o formador, no âmbito da sexualidade, desencadeia-se um forte sentimento de pudor. A atitude fraterna e respeitosa do formador pode facilitar o processo de abertura dos formandos para falar, sem censura, das coisas que os afligem, de modo a desencadear um processo de libertação.

Ninguém pode ser forçado ou obrigado a falar do que não quer ou que julga conveniente não o fazer; revelar algo contra a própria vontade. A transparência forçada leva a pessoa a optar pela mentira ou a corresponder aos interesses do inquisidor, como acontece nos tribunais, nas comissões parlamentares de inquérito e em certos depoimentos. No período da ditadura militar, muitos presos políticos declararam, exatamente, o que os torturadores queriam ouvir deles, mesmo sabendo se tratar de informações falsas. Na VRC pode acontecer a mesma coisa. Os formandos acuados falam o que o formador quer ouvir, não obstante saber que estão faltando com a verdade. A transparência verdadeira acontece em clima de liberdade e serena abertura de coração.

A transparência pode também regredir, pela perda da credibilidade. A pessoa decepcionada se fecha e se arrepende de ter-se dado a conhecer, temendo o mau uso do que foi partilhado. Refazer o processo poderá ser praticamente impossível. Quando isso acontece, dificilmente serão atingidos níveis profundos de transparência. Em se tratando da VRC, importa não abortar a dinâmica de transparência, e sim incrementá-la e favorecer que atinja níveis de profundidade sempre maiores.

6. A transparência libertadora

A afirmação de Jesus "a verdade vos libertará" (Jo 8,32) pode ser aplicada ao tema da transparência. Ficaria bem em sua boca a declaração "a transparência vos libertará". Com efeito, quanto mais transparência, tanto mais liberdade. Quanto mais transparente, tanto mais livre a pessoa será. Por quê?

- A transparência permite-lhe conhecer os condicionamentos e debilidades pessoais, entraves para sua liberdade. Isso precaverá atitudes inconsideradas ou irrealistas, motivos de frustração. Será, então, possível dar passos com mais segurança, sem ilusões.
- A transparência possibilita-lhe aceitar a própria história, no que tem de bom e de não tão bom, de realização e de frustração, de vitória e de fracasso. Essa postura positiva diante da vida evita tensões internas desgastantes e desnecessárias. Quando movido por elas, o indivíduo corre o risco de equivocar-se nas decisões. Assumindo uma atitude realista diante da história, aceitando-a como é, estará em condições de decidir-se com mais liberdade.

- A transparência gera autocrítica. A pessoa jamais incorrerá no erro de julgar-se mais do que realmente é. Não superestimará nem subestimará suas aptidões. Esse avaliar-se com verdade gera libertação, ao permitir que a pessoa aja com equilíbrio por ocasião de suas escolhas.
- A transparência cria senso de responsabilidade, de forma a potenciar a liberdade. A propósito, liberdade não se casa com irresponsabilidade. A transparência, possibilitando ao indivíduo autoconhecer-se, move-o a fazer o bem que se espera dele. Uma vez conhecendo o norte de sua existência, saberá acolhê-lo com generosidade.
- A transparência abre caminho para a integração interior. Quanto mais integrado, tanto mais livremente a pessoa agirá. Não correrá o risco de dar ouvidos à voz das paixões desordenadas. Tampouco, será movido por interesses escusos. Suas opções serão sinceras.

A formação bem-sucedida na VRC tem o poder de criar religiosos livres, no sentido mais positivo da palavra. E, assim, colocar os alicerces da mistagogia esperada de quem optou por se lançar no serviço ao Reino, na pessoa dos empobrecidos e marginalizados, como desdobramento de sua vocação batismal.

7. A transparência mistagógico-missionária

A transparência na VRC traz a marca da mistagogia e da missionariedade. Seria incorreto considerá-la como

A FORMAÇÃO NA VIDA RELIGIOSA CONSAGRADA

simples dinâmica psicológica de libertação interior e conformidade consigo mesmo. Sua abrangência vai muito além!

Enquanto mistagógica abre o coração humano para Deus, em relação a quem o ser humano vê-se desafiado a fazer a experiência mais radical de transparência. Trata-se de se colocar diante dele, dispensando as precárias tangas para encobrir as vergonhas de suas imperfeições, como Adão e Eva (Gn 3,7). Ao se desnudar em face do Criador, pode se deixar amar e valorizar, em sua pura verdade, sentindo-se motivado a crescer na comunhão com ele, buscando em tudo "ser misericordioso como o Pai é misericordioso" (Lc 6,36), "perfeito como o Pai dos céus é perfeito" (Mt 5,48).

Enquanto missionária, a transparência permite aos religiosos conhecerem seu potencial apostólico a ser colocado a serviço dos demais. Com isso saberão que passos são capazes de dar, o que precisam trabalhar, onde investir de modo a servir sempre mais e melhor. Os arroubos imponderados de quem se considera super-homem ou, na direção contrária, as atitudes medrosas de quem se subestima, de modo a desperdiçar os dons recebidos, poderão ser evitados pelos missionários que buscam transparência.

A transparência mostra-se necessária ao se avaliar o exercício da missão. Os missionários transparentes não camuflam suas intenções, tampouco justificam os resultados positivos ou negativos na contramão das evidências. Os resultados contrários ao desejado não os deixam abatidos, nem os eventuais sucessos os enchem de orgulho para além do normal. Quando o missionário se mantém nos limites da realidade, consciente de se ter lançado com generosidade à missão recebida, saberá reconhecer que os resultados negativos não provieram de sua negligência, nem os sucessos decorreram de suas excepcionais capacidades. A transparência, por conseguinte, gera atitudes de humildade no confronto com os resultados da missão.

A missionariedade da transparência tem outra vertente. As relações transparentes entre formador e formandos, entre formandos e superiores, farão com que as futuras missões sejam, quanto possível, acertadas. Ao confiar determinada tarefa apostólica, os superiores terão a chance de acertar, à medida que souberem com quem estão lidando. O trato com religiosos dissimulados e hipócritas, certamente, será uma das experiências mais frustrantes para um superior às voltas com a liderança de um corpo apostólico.

***

Cada formador vê-se desafiado com a tarefa de pensar a melhor pedagogia para facilitar a transparência em suas múltiplas vertentes no trato com os formandos. E de criar instâncias de acompanhamento e avaliação. Sem transparência não existe formação possível! Porém, ele deverá estar convencido da necessidade de ser transparente consigo mesmo e nas relações com os formandos. Quem não prima pela transparência não pode exigir transparência dos demais. A transparência do formador poderá estimular a transparência dos formandos. Atenção: a transparência revela-se mais nos gestos do que nas palavras!

VII | A EQUIPE DE FORMAÇÃO MISTAGÓGICA

A solidão e o isolamento não se recomendam no exercício da tarefa de formador na VRC. Devendo lidar com casos complicados, serão muito desgastantes as tomadas de decisão, caso esteja sozinho, na falta de interlocutores para auxiliá-lo no discernimento. O trabalho em equipe apresenta-se, então, como urgência inevitável.

A articulação de uma boa equipe exige tempo. Jamais será fruto do acaso ou da improvisação. O afinamento entre os membros acontece após certo tempo de convivência e esforço para pensar numa mesma direção. A convergência expressa o esforço de respeitar o pensamento alheio e buscar caminhos de entendimento, à margem dos conflitos e polarizações. Esse modo de proceder adulto possibilitará à equipe atingir seu objetivo de acompanhar os formandos em sua caminhada mistagógica de pessoas que se querem consagrar ao serviço do Reino, em determinada congregação.

A equipe de formação, enquanto órgão de assessoria do governo da congregação, tem competências bem determinadas. Pensá-la como organismo apartado, com poderes de vida ou morte sobre os formandos, corresponde a uma postura totalmente inconveniente. Da parte do governo da congregação, considerar a equipe de formação como mera formalidade e marginalizá-la, quando se devem fazer deliberações importantes sobre os formandos, será motivo para desanimá-la ao lhe subtrair a credibilidade.

1. Qualificação dos membros

A equipe de formação será formada por religiosos com profundo espírito de fé e compromisso pessoal com Jesus Cristo e sua missão. O discipulado, intensamente vivido, inspirará a formação de outros discípulos do Mestre de Nazaré. Ao mesmo tempo, supõe-se que essas pessoas conheçam bem e valorizem a VRC, dando mostras de amarem a congregação e estarem integradas no corpo apostólico congregacional, pelo qual nutrem apurado sentido de pertença. Aqui está a riqueza a ser partilhada com os formandos!

O modo de proceder no interno da equipe tem claras exigências. Dos membros se espera: disposição para dialogar francamente, sabendo escutar e pedir o parecer dos outros; capacidade de estabelecer relações de confiança, pela superação das suspeitas; paciência e sabedoria para não atropelar os processos; maturidade para não se sentir bloqueado e ressentido em face das opiniões contrárias; abertura de coração para acatar as decisões da equipe e as orientações dos superiores. Esses pressupostos permitirão à equipe ser flexível e honesta na relação com os formandos e lhes dará suficiente maleabilidade não só para se adaptar aos diferentes tipos de pessoas com as quais se defronta, como também para administrar os inevitáveis conflitos, com serenidade e compreensão.

Além disso, os membros da equipe deverão sentir prazer de lidar com os formandos e ser para eles um referencial. Isso só acontece com quem abraçou com alegria o acompanhamento das novas vocações da congregação. O formador, "por ordem de santa obediência", para "tapar buraco" ou por falta de gente, na certa, exercerá seu papel com má vontade e sem vibração. Sua presença na equipe será um peso! O desentrosamento com o grupo se refletirá na relação com os formandos, fadados a suportar um formador irritadiço, imprevisível, exigente e intransigente, que desconta neles a insatisfação de desempenhar um dever a contragosto.

Boa parte da equipe seja composta por religiosos com certo tempo de votos perpétuos, que passaram pelas várias etapas do processo formativo e experimentaram, na pele, os desafios da caminhada. Religiosos recém-professos podem desempenhar um papel importante numa equipe de formação. Ainda assim, desaconselha-se serem a maioria, por lhes faltar a experiência que não se obtém em cursos e livros. A convivência de religiosos veteranos com religiosos jovens possibilitará a comunicação da sabedoria própria de cada geração.

A experiência adquirida no trabalho em equipe e no processo continuado de refletir a realidade da formação revela-se indispensável. O simples fato de pertencer à congregação ou ter feito estudos especiais, em nível acadêmico, tem sua importância. Porém, quando o formador passa a fazer parte de uma equipe séria, descortina-se um novo cenário de capacitação para seu mister de mistagogo.

2. Número de membros

A equipe deverá ser composta por um número de membros suficiente para conduzir as diversas etapas da formação, a fim de proporcionar aos formandos assistência adequada.

Entretanto, a maioria das congregações vê-se impossibilitada de satisfazer esse quesito por carência de membros. Dão-se por satisfeitas por contar com um ou outro religioso que aceita se encarregar da formação das raras novas vocações. Mesmo nessas circunstâncias desaconselha-se ser deixado à própria sorte. Se tem boa vontade e, realmente, quer ser assessorado, com certeza, encontrará quem se disponha a colaborar com ele. Quiçá um cristão adulto, um agente de pastoral, um profissional na área da psicologia, além de religiosos ou religiosas de outras congregações poderão ser de extrema valia. Congregações não tão pressionadas por falta de membros poderão, também, convidar algumas dessas pessoas, que se destacam pela maturidade humana e espiritual, para integrar suas equipes de formação. Presenças externas à congregação poderão trazer ares novos para a equipe e descortinar horizontes.

3. Recomposição

A recomposição de uma equipe de formação que funciona bem deve ser feita com muito cuidado, para não se pôr a perder longos anos de investimento. A prudência aconselha o governo da congregação, geral ou provincial, a discernir com a equipe atual a destinação de novos responsáveis pela formação ou a substituição de algum dos formadores. Importa garantir o entrosamento e a estabilidade do grupo, a fim de evitar contratempos entre os membros, com repercussões negativas sobre os formandos. A equipe tem condições de estabelecer critérios e indicar nomes de pessoas adequadas para o trabalho da formação, em curto, médio e longo prazos.

O novo formador deverá trazer consigo certa bagagem de conhecimento das questões ligadas à formação, bem como das características das vocações recém-chegadas na congregação. Desaconselham-se pessoas que sejam cruas no que diz respeito à formação. Todavia, a equipe evitará o risco de sugerir pessoas que pensam como ela, para não torná-la monocolor. A capacidade de se integrar à equipe está longe de significar monolitismo de pensamento. Antes, a unidade será encontrada na diversidade de pontos de vista!

4. Estabilidade

A excessiva rotatividade dos membros de uma equipe de formação pode se mostrar danosa para o acompanhamento dos formandos, por ser empecilho para a integração da equipe e a implementação de uma linha comum de ação, pela experiência acumulada e o conhecimento da caminhada de cada formando. Outra consequência danosa seria a insegurança gerada nos formandos pelas mudanças inoportunas de formadores, dando a impressão de que se valoriza pouco a formação, tratada com leviandade.

Embora as destinações para se ocuparem da formação não devam ser *ad aeternum*, não convém que sejam por um tempo demasiado breve. Cada congregação saberá discernir quando chegou a hora de liberar alguém da missão de formador. E esse terá a devida humildade de passar o bastão adiante, consciente de ter contribuído para o crescimento do corpo apostólico congregacional. E se despirá da roupagem de formador, de modo a não cair na tentação de insistir na relação formador-formando ao tratar com antigos formandos, que se tornaram companheiros de missão.

A renovação simultânea de toda a equipe não se recomenda. E sim a renovação gradual, de forma a estarem sempre na equipe pessoas com amplo conhecimento dos formandos e da formação. Cada novo membro vê-se desafiado a mergulhar na história dos formandos e, assim, por si mesmo, conhecer cada um. As informações recebidas dos companheiros de equipe podem ser úteis. Apesar disso, jamais substituirão o conhecimento adquirido na convivência pessoal e no engajamento no mundo dos formandos. Assim se cresce na arte de ser formador!

Como muitos religiosos excluem de seus projetos o trabalho na formação, de fato, ninguém ingressa numa congregação tendo como meta ser formador, mas torna-se imperioso conscientizar todos do dever de se preocupar com as novas vocações. O amor à congregação com seu carisma mostra-se autêntico quando um religioso se dispõe a acolher e a formar os novos irmãos de caminhada.

Existem critérios objetivos, quando se trata de destinar religiosos para o trabalho na formação. Não basta alguém querer ou se dispor a ser formador, se lhe faltam os requisitos básicos. Até mesmo formadores cheios de boa vontade, afinal, podem se tornar deformadores!

5. Diversidade

A diversidade enriquece a equipe de formação, somada à união afetiva e espiritual de seus membros e o esforço de fazer convergir os pontos de vista pessoais. Cada problema poderá ser abordado sob diferentes ângulos, de forma a enriquecer a reflexão e, seguramente, tornarem mais acertadas as decisões.

As congregações prevalentemente clericais têm a ganhar com a presença de irmãos nas equipes de formação. O diálogo entre padres e irmãos valorizará ambas as vocações, considerando a consciência atual que se recusa a considerar a vocação presbiteral superior à vocação dos irmãos, no estrito âmbito da VRC. Cada uma tem sua especificidade, e nenhuma delas pode ser relegada a segundo plano.

Por outro lado, convém que as equipes sejam compostas por religiosos de distintas formações básicas e originários de diferentes experiências apostólicas. Essa pluralidade revela-se conveniente, quando se trata de discernir as missões a serem confiadas aos formandos, nas diferentes etapas da formação, bem como no momento de avaliar o desempenho deles. Até mesmo as aptidões apostólicas dos formandos serão mais bem apreciadas por quem conhece, por experiência, os campos de missão para os quais podem ser enviados.

As diversas faixas etárias na composição da equipe de formação têm seu valor. Os mais jovens contribuem com seu dinamismo, criatividade e ousadia; os veteranos acrescentam a tais virtudes a experiência de vida, o conhecimento da tradição e da história da congregação. A soma desses fatores torna-se altamente positiva no desempenho da equipe.

A variedade de culturas e mentalidades enriquece as equipes de formação das congregações internacionais ou que tenham membros provenientes de distintas regiões e culturas de um mesmo país. Elas se tornam um espaço excelente para o cultivo da interculturalidade, na contramão do preconceito e da xenofobia. Nesse caso, a própria equipe pode testemunhar a boa convivência entre irmãos de diferentes nacionalidades, atitude esperada das novas vocações.

Uma equipe de formação será tanto mais rica quanto mais seus membros tiverem diferentes talentos e carismas, ideias e opiniões, formações e experiências. Evitem-se equipes onde os membros são espelhos uns dos outros; incapazes de se questionarem mutuamente por pensarem da mesma forma; resolvem os problemas com rapidez por serem inaptos para analisá-los em sua complexidade. Equipes de formação onde todos se parecem acabam por se tornar perigosas. Com facilidade, caem na tentação de moldar os formandos à sua imagem e semelhança.

6. Relações internas

O bom funcionamento da equipe de formação pressupõe clareza quanto à sua estrutura e ao que se espera dos membros. A ausência de rumos bem definidos pode levar o grupo a se enredar em conflitos intermináveis, cuja consequência primeira será colocar em crise o projeto de formação da congregação, com reflexos diretos sobre os formandos.

Eis algumas orientações que podem potencializar uma equipe de formação:

- *Definição clara das funções de cada membro.* Para se evitarem mal-entendidos e abrir brechas para desvios de conduta dos formandos, cada formador deve ter seu papel definido no projeto de formação. E os formandos devem conhecer a competência de cada um. Evita-se, assim, superposição de instâncias:

quando um formando não consegue algo com um formador, procura outro com quem está seguro que irá conseguir. Esse jogo pode indispor os formadores entre si, caso alguém se sinta desautorizado e passado para trás.

- *Respeito às respectivas esferas de competência.* Embora dispostos a colaborar com os demais e a substituí-los quando solicitados, os membros da equipe evitarão a ingerência nos campos que fogem às suas responsabilidades.

A relação dos superiores provinciais ou gerais com a equipe de formação insere-se aqui. Os superiores, pautando-se pelo princípio da subsidiariedade, devem respeitar as iniciativas e as decisões de cada membro da equipe, no campo de suas atribuições, só intervindo em caso de omissões mais sérias ou de decisões importantes claramente insatisfatórias. Os superiores, não cedendo à tentação de centralizar em si todas as decisões, confiem no trabalho da equipe e a apoiem, incentivando-a, tendo em vista alcançar seus objetivos.

Os membros da equipe, por sua vez, atuarão tomando distância de suas ideias e gostos pessoais, mas sintonizados com as orientações da congregação e as linhas previamente traçadas para a atuação da equipe. Aos superiores cabe, em última análise, supervisionar o bom andamento da equipe, num clima de diálogo e ponderação. Afinal, a equipe de formação serve-lhe de apoio no governo da congregação.

- *Unidade afetiva e efetiva dos membros.* Da comunhão entre os membros da equipe, dependem:

(a) o testemunho de fraternidade, valor fundamental da vida evangélica, a ser fomentado nos formandos;

(b) a autoridade moral dos formadores diante dos formandos, que seria enfraquecida por eventuais divergências de orientação, conflitos, críticas maldosas e competição entre os membros da equipe;

(c) a clareza dos formandos sobre a verdadeira proposta da congregação e a vontade de Deus a seu respeito; as divergências insolúveis entre os formadores geram indecisão nos formandos, com graves prejuízos para a sua caminhada;

(d) a credibilidade da própria equipe, que seria ameaçada pela inimizade entre os formadores;

(e) a união entre os formandos, pois os conflitos entre os formadores tendem a extrapolar e atingir os formandos, a ponto de dividi-los em facções, correspondentes às dos formadores.

A unidade da equipe decorrerá da vivência dos valores evangélicos, de modo especial, o mandamento do amor mútuo. Esse se expressará em forma de benevolência, solicitude, abertura dialogal e cooperação entre seus membros.

O espírito de comunhão no interno da equipe pode ser incrementado de muitos modos. O diálogo frequente, em vista do crescimento na confiança mútua e na transparência, na amizade e na unidade de critérios, torna-se insubstituível. O intercâmbio acontece não apenas nas conversas e reuniões de trabalho formais, mas também nos espaços reservados para a partilha espiritual, na revisão de vida e nos momentos informais e gratuitos de lazer.

- *Processo decisório participativo e dialogal.* As linhas gerais da formação, nas respectivas etapas, e as medidas particulares mais importantes serão definidas em contexto de avaliação da equipe, à luz das orientações da congregação ou, em alguns casos, da Igreja. Esse processo pode ser facilitado pelo intercâmbio frequente dos membros da equipe entre si, mas também com os superiores, em forma de comunicação ou de consulta informal. A reciprocidade, nos seus vários domínios e níveis, permite a todos os implicados no processo decisório da formação estarem a par do que se sucede no universo dos formandos e da congregação, evitando-se, assim, tomadas de decisão intempestivas, descoladas da realidade ou prescindindo do conhecimento das pessoas implicadas. Perspectivas diferentes e complementares permitem formular uma visão rica e bastante completa das várias dimensões da formação, de modo a evitar o risco de descambar para unilateralismos indevidos.

Mostram-se de grande utilidade as reuniões formais da equipe, tendo um calendário anual prefixado, garantindo uma conveniente frequência. As reuniões serão frutuosas se preparadas e conduzidas de maneira adequada, para possibilitar a abordagem das questões deveras relevantes para os formandos, dispondo-se dos elementos necessários para o discernimento. Os formandos devem ser referidos da maneira mais objetiva possível, deixando de lado as informações provindas de fofocas, não checadas, antes baseadas em preconceitos ou de origem duvidosa. Evite-se voltar continuamente sobre os mesmos problemas, de maneira inconsequente e repetitiva, com o risco de desmotivar o grupo.

As reuniões revelam-se eficazes, quando cada membro da equipe, de fato, assume as pautas do projeto congregacional de formação, garantindo a objetividade das trocas de ideias, e executa as decisões tomadas. Essas posturas dão crédito ao grupo diante dos formandos.

Grande importância deve-se dar à autoavaliação da equipe e à avaliação do processo formativo no seu conjunto. Eventuais desvios de rota poderão, em tempo oportuno, ser corrigidos com as medidas necessárias. A ação da equipe poderá ficar comprometida, se deixar-se contaminar por algum fato pernicioso e inconveniente, sem percebê-lo e remediá-lo a tempo.

- *Continuidade do processo formativo.* A linha de atuação da equipe fundar-se-á nos documentos da congregação e da Igreja e em princípios objetivos, para não haver o perigo de a equipe ou algum de seus membros ousar impor suas ideias, à revelia de outras instâncias de referência. Projetos de formação que seguem aquilo em que acredita determinado formador, equipe de formação, até mesmo o superior, com grande probabilidade, serão descartados quando desaparecerem quem os idealizou e formulou, por lhes faltar o fôlego que poderiam ter, caso se inspirassem nos Evangelhos e no que o Espírito pede da congregação e da Igreja.

A falta de objetividade poderá ser motivo de constantes sobressaltos no processo formativo, caso um novo formador ou uma nova equipe se julgue no direito de jogar fora tudo quanto foi feito até então, para começar da estaca zero um projeto impondo aquilo em que acredita. A política da provisoriedade, com os conflitos e as críticas inerentes, tem efeitos negativos sobre os formandos. Passa-lhes a impressão de serem joguetes nas mãos dos formadores e das equipes de plantão.

- *Coordenação da equipe de formação.* Cabe ao superior maior incumbir um dos membros da equipe para coordená-la. Ele será o interlocutor da equipe com o governo da congregação e vice-versa, passará à equipe as orientações e decisões do governo e levará aos superiores as decisões da equipe que dependem da chancela deles. Convém que o coordenador da equipe faça parte da assessoria imediata do superior maior, pois são recorrentes as questões referentes à formação tratadas nos conselhos das congregações. Sua presença pode ter grande peso nas reflexões que tangem os formandos e o programa de formação em geral.

7. Acompanhar a caminhada dos formandos: tarefa fundamental

Fazer o destino de um formando depender do parecer de um só formador tem-se mostrado inoportuno e, muitas vezes, resultado em atitudes injustas e desrespeitosas. Manter a objetividade e a imparcialidade, de modo especial, nas decisões sobre questões delicadas, eis um desafio exigente.

A supervisão da caminhada dos formandos insere-se aí. Trata-se de verificar a evolução de cada um e, à luz dessa percepção, tomar as medidas necessárias para ajudá-lo. O trabalho em equipe mostra-se indispensável, quando se trata de optar pelas melhores maneiras de criar espaço para o autoconhecimento objetivo e esperançoso do formando, a partir de sua real condição, e verificar como se dispõe a acatar as correções e servir-se delas como sinal de fraternidade da equipe, movida pelo desejo de colaborar com ele.

Convém focar a avaliação dos formandos, basicamente, no seguimento efetivo a Jesus Cristo e no sentido de pertença à Igreja e à congregação. Por esse viés, serão ponderadas suas qualidades humanas, seus projetos pessoais, seu desempenho comunitário, pastoral, acadêmico, espiritual e outros. Jamais se percam de vista as vertentes cristológica, eclesial e congregacional no conjunto da avaliação. Projetadas nesse pano de fundo, as ações da equipe em vista de ajudá-los terão maior relevância, por visar à dimensão mistagógica do processo em que estão inseridos.

Para se evitarem arbitrariedades no trato com os formandos, convém que a equipe estabeleça, com clareza, os objetivos a serem atingidos em cada etapa da formação. Obviamente, não será conveniente aplicá-los com rigidez, pois a formação lida com liberdades, donde a necessidade de ser personalizada. Não há como cotejar o ideal da formação com a realidade dos formandos para se obter certezas matemáticas. Pode-se, sim, avaliar o conjunto das atitudes de cada um e perceber sua maior ou menor sintonia com os indicadores preestabelecidos. Os casos duvidosos necessitam ser tratados com muito discernimento e atenção redobrada.

As avaliações podem ser feitas em variadas modalidades:

(a) *Permanente*. Trata-se do acompanhamento atento e contínuo da equipe quanto à evolução de cada formando, tendo diante dos olhos o conjunto de sua caminhada.

(b) *Formal*. A realizar-se a cada ano e no fim de cada etapa. A equipe de formação, nessas circunstâncias, ajuda o formando a tomar consciência de sua caminhada e a definir os futuros rumos a serem tomados. Em algumas circunstâncias poderá competir ao superior maior dar ciência aos formandos das avaliações, acrescidas de seu parecer pessoal.

(c) *Informal*. Aconselha-se estar atentos ao parecer de outras pessoas com quem os formandos têm contato, tanto membros da própria congregação quanto pessoas externas. Os formandos são submetidos à avaliação dessas pessoas de maneira velada. Pareceres nada desprezíveis são os dos funcionários das casas de formação (cozinheiras, lavadeiras, diaristas e outros). Tratando-se de gente séria e sintonizada com os objetivos da congregação e da Igreja, serão capazes de fazer juízos certeiros a respeito dos formandos. Por isso, ouvi-los com discrição e prudência pode ajudar a equipe de formação a fazer uma ideia mais precisa e objetiva sobre eles.

O parecer da equipe contará com a participação do formando, chamado a fazer sua autoavaliação, apresentada por escrito ao formador, antes da avaliação da equipe e em vista dela. Caso se revele haver grande disparidade entre a autoavaliação e a avaliação da equipe, os superiores reforçarão a atenção. Algo de errado e grave poderá estar acontecendo por parte da equipe ou do formando, a ser esclarecido.

O resultado final da avaliação será transmitido ao formando, em clima de diálogo fraterno, podendo ser esclarecidos alguns pontos e buscados meios para potenciar-lhe as qualidades e corrigir-lhe os defeitos. Cabe ao superior provincial ou geral informá-lo, por ser o responsável último pela formação e pela equipe de formação, uma instância de assessoria ao governo da congregação.

Aconselha-se ao formador de uma etapa transmitir ao responsável pela etapa seguinte a avaliação dos formandos que lhe são confiados, caso essa avaliação seja feita no fim de cada etapa. O formador do aspirantado passa ao formador do postulantado a avaliação do formando entregue a seus cuidados; o formador do postulantado, ao mestre de noviços e assim por diante. Esse expediente visa a garantir a continuidade do processo formativo, poupando o responsável pela nova etapa de começar tudo de novo, não obstante o dever de verificar pessoalmente cada ponto das avaliações recebidas, para tirar suas próprias conclusões. Coerência e continuidade no processo formativo serão garantidas a todo custo.

Desaconselha-se vivamente ocultar dos formandos a avaliação a seu respeito ou avaliá-los à sua revelia. Existem formas adequadas de comunicar-lhes as respectivas avaliações. A franqueza chocante e humilhante será deixada de lado e com ela o clima de suspense e de terror. Quando mais respeitosa e humana for a maneira de confrontar o formando com sua avaliação, tanto mais formativa será.

8. Superiores maiores e equipes de formação

A equipe de formação tem a função de assessorar o governo das congregações e dele depende. Contudo, as relações entre essas instâncias nem sempre são as mais desejáveis. Alguns superiores simplesmente toleram a equipe de formação e a conservam por formalidade, em obediência ao diretório da congregação que prevê tal organismo, não fazendo caso dela. Outros a consultam apenas em circunstâncias pontuais, mas, em geral, põem-na de escanteio. Outros, ainda, pedem-lhe pareceres a respeito dos formandos, mesmo sabendo que não os levarão em conta. Pode acontecer de superiores tomarem a defesa de formandos, em geral problemáticos e complicados, contra a equipe de formação.

Os superiores conscientes de seu papel na formação valorizam a equipe como instância de apoio à sua missão de governo, e contam com ela naquilo que tem de específico e está nos limites de suas incumbências. Tal interesse torna-se manifesto em atitudes concretas:

- destinação de formadores em suficiente número e qualidade, por priorizar a formação no âmbito de suas atribuições;
- preparação específica para os destinados a trabalhar na formação;
- escuta da equipe no momento de destinar novos religiosos para se ocuparem da formação ou de dispensar alguém desse encargo;
- respeito ao parecer da equipe nas decisões sobre os formandos. Entre elas: aceitação no aspirantado ou no postulantado, ingresso no noviciado, votos

temporários e perpétuos, destinação para estudos básicos ou especializados, interrupção de processos em curso, desligamento da congregação, apreciação de problemas da formação, entre muitos outros. Na eventualidade de se sentir no dever de tomar uma decisão contrária ao parecer da equipe, os superiores declararão os motivos, caso não estejam implicadas questões de foro interno. A ação dos superiores que atropelam o trabalho da equipe de formação acaba por desestimulá-la e desautorizá-la, mormente, quando se trabalhou com bom senso e ponderação;

- liberação dos formadores de outras atividades, de modo a se dedicarem integralmente ou, pelo menos, prioritariamente, segundo as circunstâncias, às suas obrigações específicas.

***

Uma equipe de formação bem entrosada evita de a formação se concentrar nas mãos de uma pessoa. A ação em equipe alarga os horizontes da formação, torna mais efetivo o acompanhamento dos formandos e permite aos encarregados de cada etapa atuar com mais segurança e discernimento. Cabe aos superiores maiores valorizá-la, em sua missão específica. Os frutos do trabalho de uma equipe de formação competente serão logo percebidos!

VIII | FORMAÇÃO MISTAGÓGICA NO MUNDO DIGITAL

Um tópico recente e incontornável da formação na VRC diz respeito ao mundo digital, na "era da comunicação e da informação". As novas gerações de religiosos estão profundamente inseridas nesse ambiente, sendo impossível viverem à margem de uma realidade tão envolvente, a ponto de se tornar sedutora. Desde cedo, muitas crianças brincam com um *tablet* ou um *smartphone* e, por si mesmas, aprendem a transitar pelos aplicativos, embora o inglês falado e escrito seja a língua usual. Um fenômeno! "Acessar" e "conectar-se" tornaram-se os verbos por excelência no dia a dia das pessoas, às vezes, como condição para sobreviverem. Desconectar-se tornou-se sinônimo de morrer, pelo menos, em termos de realidade virtual. Uma vez acessada a rede, o internauta adentra um mundo no qual tudo acontece de imediato com um simples toque de dedo. Pode-se afirmar: o que não está na rede não existe! Até mesmo o mundo da religião passou a existir como realidade virtual. Há quem prefira a missa pela internet; reze o terço com centenas de milhares de pessoas espalhadas pelo país e pelo exterior; envie o seu dízimo para a manutenção do canal de alguma liderança religiosa midiática. As "portas" dessa igreja estão sempre abertas. Como são tantas e em tantos lugares, cada qual escolhe a que preferir!

Os vocacionados da VRC, doravante, serão provenientes desse universo. Os formadores veem-se na obrigação de ajudá-los a solidificarem a vocação de servidores do Reino, nas respectivas congregações. Uma tarefa crucial consistirá em orientá-los para manterem o rumo da caminhada, sem se transviarem no emaranhado de tecnologias, linguagens, programas, plataformas, grupos e novidades, em acelerada evolução.

Torna-se corriqueiro encontrar formandos mais competentes no uso da parafernália cibernética que seus formadores. E mais, esses devem recorrer àqueles nos apuros e necessidades, por serem inexperientes no uso de aparelhos ou no conhecimento de programas, bem como por desconhecimento dos recursos mais atualizados. Na verdade, analfabetos digitais são os formadores e não seus formandos!

Nada dispensa os formadores de sua tarefa específica, mesmo quando são pouco ou nada familiarizados com o mundo digital e suas mídias. Cabe-lhes ajudar os formandos a cultivarem posturas corretas, compatíveis com a condição de consagrados, ao "navegarem" por mares, às vezes, tenebrosos, e, sobretudo, a tirarem proveito do que a ciência e a tecnologia colocam-lhes à disposição, em vista da missão, do carisma e da espiritualidade congregacional.

As reflexões em torno desse tópico da formação deverão ser continuamente completadas e aprofundadas, pois as inovações sucedem-se numa velocidade espantosa. As ideias partilhadas a seguir têm como objetivo sublinhar a importância de se criar, já nos primeiros passos na VRC, um modo de proceder, *ethos*, compatível com a vocação de consagrados no tocante ao mundo midiático-digital, bem como de se servir dele para a formação, em todas as dimensões e ao longo do percurso na caminhada congregacional. Será preciso, igualmente, aprender a identificar as eventuais armadilhas, com suas desastrosas consequências, de modo a serem evitadas.

1. VRC na era da comunicação e da informação

A revolução digital, acontecida no século XX, tornou-se um divisor de águas na história da humanidade. No tocante à comunicação e à informação, o mundo depois dessa maravilha da inventividade humana jamais será como antes. As crianças, ainda na mais tenra idade, aprendem a operar uma tecnologia de ponta. Suas diversões preferidas deixaram de ser carrinhos e bonecas, substituídos pelos tablets e smartphones com jogos digitais, PlayStations e outros brinquedos tecnológicos. Os heróis preferidos são seres computadorizados, que transitam por planetas intergalácticos, muito distantes do planeta Terra, tudo produzido por efeitos especiais sofisticadíssimos, em nada parecidos com o chão que pisamos. Surgiu uma linguagem cifrada, verdadeiro dialeto desse universo, com palavras, siglas e expressões inglesas, incompreensíveis para os não iniciados. "O admirável mundo novo" tornou-se verdade com a revolução digital. Uma novidade formidável!

Daí provirão as novas vocações para a VRC. Por isso, desaconselha-se entregar a animação e a condução do processo formativo nas congregações a pessoas refratárias ao mundo digital ou que imaginam poder caminhar à margem dele, relativizando-o ou, simplesmente, desdenhando-o. Entretanto, religiosos encantados com a tecnologia avançada, mas usada sem o devido critério, podem ser inadequados para o serviço da formação, na eventualidade de lhes faltar o enfoque da fé e do compromisso com o Reino.

O desafio consiste em pensar a formação inserida nesse novo cenário, e em tomar consciência de seu potencial e suas limitações. Qualquer iluminação será provisória, se se pensa na rapidez com que as invenções tecnológicas, em todas as esferas da ação e dos interesses humanos, surgem e se multiplicam. Nada fica de fora! A cada dia temos surpresas, a nos deixarem de queixo caído com a capacidade humana de criar, no âmbito da ciência e da tecnologia, instrumentos para facilitar o dia a dia dos seres humanos.

As inquietações multiplicam-se a exigirem o esforço da reflexão. A máquina está ocupando o lugar das pessoas? É justo uma parcela ínfima da humanidade beneficiar-se da tecnologia avançada? Como tratar uma massa enorme de excluídos digitais, inaptos para manejar máquinas e aparelhos computadorizados? A inteligência artificial colocará a humanidade num beco sem saída, com os humanos incapazes de dominar suas criaturas? Tantas outras questões podem ser levantadas.

Pensando na VRC: e se algumas tarefas da formação fossem confiadas a inteligências artificiais? Por que manter uma dispendiosa casa de formação, se um só formador poderia encarregar-se de todos os noviços de um país, coligando-se a eles pelas plataformas digitais, que possibilitam encontros virtuais? O acompanhamento espiritual não poderia ser feito on-line, considerando a carência de pessoas dispostas a prestar tal serviço ou a casa de formação situar-se longe de locais com mais recursos humanos? Igual questionamento se coloca para a psicoterapia e outros processos formativos. Vale a pena gastar dinheiro com viagens e hospedagens, quando se tem a chance de obter formação de qualidade por videoconferência, por acesso remoto síncrono ou assíncrono? Para isso e muito mais, bastaria os formadores estarem conectados, como se fora uma comunidade virtual.

Como se vê, os formadores não podem ficar indiferentes ao se confrontarem com questões dessa categoria, tampouco se deixarem bloquear. Nada poderá justificar a atitude de quem não caiu na conta de que o mundo está num processo acelerado e incontrolável de transformação, para o bem e para o mal, por conta do progresso da ciência e da tecnologia.

A identidade e a missão da VRC e das congregações carecem de ser pensadas nesse novo patamar, conservando os traços característicos de comunidade missionária e de missão comunitária, como resposta aos apelos do Espírito Santo, a chamar e enviar os religiosos para a evangelização do mundo, no qual se inserem como sal, luz e fermento. Torna-se difícil imaginar a VRC à margem do mundo midiático-digital e, nele, a formação das novas vocações levada adiante como se a revolução cibernética não estivesse suficientemente consolidada. Mesmo os veteranos são instigados a se darem conta da exigência de estarem inseridos digitalmente. Pense-se na abolição dos informativos impressos com notícias da congregação ou da província, no uso das redes sociais como veículos normais de comunicação entre seus membros, nos eletrodomésticos high tech, nos smartphones usados para múltiplas finalidades, como o acesso a contas bancárias, compras on-line, busca de informações, participação em encontros virtuais e mil outras utilidades. Até mesmo a vida religiosa consagrada contemplativa beneficia-se com os modernos recursos de comunicação digital. Mosteiros e conventos, outrora com dificuldade de se comunicarem entre si, estão conectados, de modo a facilitar o apoio mútuo. Esse caminho não tem volta!

A sabedoria recomenda colocar os recursos da ciência e da tecnologia digital a serviço da vivência sempre mais fiel e consistente do carisma e da espiritualidade das congregações. Os recursos midiático-digitais de que dispomos e disporemos serão usados, da melhor maneira possível, como instrumentos postos pelo Senhor à nossa disposição para o serviço do Reino.

As novas gerações de formandos nasceram mergulhadas nesse novo mundo e, com grande probabilidade, sabem movimentar-se nele melhor que os formadores. Conhecem os seus labirintos! Falam a linguagem em uso nos ambientes virtuais. Sabem solucionar problemas que não exigem conhecimentos altamente especializados. Estão atentas às novidades e, com toda liberdade, descartam um aparelho em bom estado de uso para substituí-lo por outro de última geração, recém-lançado no mercado. E mais, não se afastam um minuto sequer do celular ou de outra máquina que permita estarem contatadas com o mundo. Pretender privá-las desses acessórios seria semelhante a ameaçá-las de morte.

Uma pergunta paira no ar: como ajudar as novas gerações de religiosos a viverem inseridas no cenário configurado pela ciência e pela tecnologia digitais, mantendo intocada a fidelidade ao carisma eclesial-evangélico da VRC, com o rosto assumido em nossas congregações, em sintonia com a intuição de nossos fundadores?

2. Mundo digital e a formação

As "próteses" midiáticas fazem parte do cotidiano das juventudes, mas, também, dos adultos. Enquanto uns, de certo modo, nascem com elas, os outros aderem a elas por necessidade ou por encantamento. Que jovem dispensaria o smartphone, o computador, o tablet, com os quais pode acessar as redes sociais?

Por outro lado, que pai ou mãe sabe, ao certo, por que "mares" os filhos navegam na internet, desde pequenos? Em que canais da internet estão inscritos? De que comunidade on-line participam? Com quem se relacionam? De que "guru da mídia" são discípulos? As surpresas podem ser irritantes!

Um tropeço recorrente consiste no "vício de internet", que leva a perder a liberdade em face dessa criatura e ser escravizado por ela. O mundo digital permite fazer experiências impensáveis. Como fascina estar em contato com pessoas do mundo inteiro! Escutar a música desejada, do cantor desejado, no concerto desejado, na hora desejada...! Obter informações em poucos segundos, dispensando-se o recurso aos livros e às pesquisas cansativas! Qualquer pessoa, tendo em mãos uma máquina muito pequena, pode se superdimensionar, como se passasse por um processo contínuo e ilimitado de autossuperação, ao se confrontar ininterruptamente com coisas novas. Inclusive está em seu poder criar novas identidades pessoais, desconectadas do real, e, servindo-se do anonimato, comportar-se como se fora um novo ser, com o indivíduo real descolado do indivíduo virtual. Há quem entre nesse mundo e não consiga mais sair. São os viciados!

Como serpente enganadora, o mundo virtual pode desenraizar o ser humano, ao fazê-lo perder o sentido de espaço-temporalidade. Se não toma consciência do descompasso existencial, ao reduzir seu horizonte à insaciável contemplação de uma "telinha", ele pode estar fadado a viver alienado da própria identidade e padecer uma forma de esquizofrenia, com o lado de lá não correspondendo ao lado de cá. Essa despersonalização leva a substituir as relações pessoais e físicas pelas virtuais, em que a presença do outro de carne e osso torna-se dispensável. Desponta daí o ser humano estranho, que vive num mundo completamente utópico!

Os formadores na VRC, conscientes dessa conjuntura, veem-se às voltas com a tarefa de preparar as novas gerações para se inserirem no mundo midiático-digital com liberdade e discernimento. Vencer a tentação do mimetismo será uma luta sem trégua, pois querer ter o que os outros têm, seguir as lideranças midiáticas, como fazem milhões de inscritos em suas plataformas, repetir o que "todo mundo" faz, são apelos cotidianos das juventudes e dos adultos, que transitam pelo mundo da mídia digital. Como levar cada formando a se convencer de que não é "todo mundo", por ter optado por um carisma e espiritualidade proféticos, que exigem dele fazer uma caminhada contracultural e dizer "não" ao que a cultura tem de antievangélico e de contradição aos valores do Reino de Deus?

Quiçá muitos formandos tenham um bom domínio da tecnologia e desejem se manter atualizados. Quem aceitaria ficar fora das novidades do mundo digital e não perceberia que seu celular saiu de linha e "não pega bem" usá-lo na frente de quem possui o aparelho do momento? Dando por descontado esse elemento, trata-se de conscientizar os formandos da necessidade de se comportarem no mundo digital de forma a cultivar valores ético-evangélicos que os capacitam para discernir os fatos, as práticas e as ideologias desse ambiente à luz da fé. Além disso, motivem-nos a se servirem dos recursos que a web lhes põe à disposição para o crescimento humano e espiritual, pessoal e dos outros. As incomensuráveis possibilidades colocadas pelo mundo midiático-digital a serviço da formação supõem que os formandos estejam convencidos das exigências éticas no uso do instrumental oferecido.

Merece censura quem adentra o mundo virtual desprovido de consciência ética, como os hackers, os disseminadores de fake news, os estelionatários, os pedófilos, os traficantes de todos os naipes, os agitadores sociais irresponsáveis e inconsequentes, os promotores de conflitos e fanatismos religiosos e políticos, entre outros. Pode acontecer de os formandos carecerem da necessária consciência ética e, por consequência, estarem mergulhados no mundo virtual corrompido e corruptor na contramão do que se espera dos consagrados a serviço do próximo.

Será preciso muita confiança, abertura, tato e sinceridade por parte dos formadores para conhecerem o tipo de presença e de interesses dos formandos na internet, as comunidades virtuais com as quais interagem, os tipos de pessoas de seus relacionamentos e os impactos do mundo virtual sobre eles. Muitos deles têm o próprio site, blog, página ou portal, com seus seguidores, para quem produzem conteúdo. Para se evitarem imprevistos incontornáveis, importa ter ciência, desde os primeiros passos na congregação, se o formando está entre os seguidores de algum "mestre" religioso da mídia, a quem segue como se fora um "guru". Tal ligação será inconveniente, caso se constitua numa espécie de formador paralelo, a quem o formando "segue e obedece", mesmo quando as orientações contradizem as da congregação. Essas figuras da mídia religiosa, amiúde, defendem pautas conservadoras e anacrônicas, com o argumento de salvaguardarem a tradição da Igreja, da qual se proclamam fiéis a toda prova. Quando os adeptos são jovens religiosos ou seminaristas, ensinam-lhes a serem dissimulados no trato com os formadores, até alcançarem os votos perpétuos ou a ordenação presbiteral, quando, por fim, fora do alcance dos formadores, cada um, dono do próprio nariz, poderá fazer o que lhe der nas ganas.

Será praticamente impossível inserir no processo formativo congregacional formandos submissos a lideranças religiosas midiáticas. Dois sinais, entre muitos, de que um formando está sendo "teleguiado" podem ser:

(a) a docilidade passiva e indiferente com que aceita tudo quanto o formador propõe, numa resignação irritante, por não ter opinião, ponto de vista, sugestão – está tudo bom como foi determinado, a rebelião pode estar sendo cozinhada para o futuro;

(b) as tentativas sorrateiras de incutir nos companheiros de formação posturas conservadoras, por exemplo, práticas de piedade bizarras ou insistência para acompanharem certos canais da internet, onde seu "guru" impera.

A formação jamais atingirá a meta de forjar religiosos em comunhão com o carisma e a missão congregacionais, com espírito eclesial, já que o formando trilha um caminho paralelo ao proposto. O processo de inserção no corpo apostólico da congregação ficará irremediavelmente comprometido. Afinal, a "congregação" do formando é bem outra!

Uma pedagogia incorreta consiste em proibir, controlar e suspeitar dos formandos, como se não conhecessem fartamente as maneiras de driblar os formadores, quiçá desconhecedores dos meandros do mundo digital. Ao revés, espera-se deles ajudarem os formandos a usar os recursos digitais em prol da formação e do serviço da evangelização, com bom senso e liberdade. Seria ingênuo pressupor que, por terem nascido e estarem inseridos nessa ambientação, soubessem se servir dela da maneira conveniente. Um continuado processo formativo recomenda-se, em vista de aprender a avaliar o que o universo cibernético tem de potencial formativo; a distinguir entre o correto e o incorreto, o benéfico e o nocivo; a reconhecer o que corresponde ou não à voz do Espírito.

Pode suceder de algum formador estar mais inserido no mundo digital que os formandos. Será preciso, então, cuidar para não impor suas "ideologias" e preconceitos, de modo a atropelar o processo de cada formando, a ser feito com a gradualidade recomendada, sem queimar etapas. Espera-se, pois, uma postura de abertura e de diálogo para criar um clima positivo de acolhida de cada um, em seus distintos graus de amadurecimento, com o desejo de ajudá-lo a crescer, evitando as interferências indevidas em suas caminhadas. Os formadores cuidarão para transitar no mundo digital com muita sabedoria no trato com os formandos, a quem lhes compete ajudar a mover-se naquele ambiente, mantendo viva a chama da vocação que os chamou à VRC e os inseriu num projeto congregacional.

Existe um fenômeno para o qual os formadores estarão atentos, por sua capacidade de bloquear os processos formativos. Os formandos podem trazê-lo consigo ou desenvolvê-lo no trato com os companheiros de caminhada, pela via da influência ou do mimetismo. Trata-se do apego desmesurado aos celulares, às redes sociais e à internet, a ponto de perderem a liberdade e o rumo da missão e do processo formativo. A presença excessiva e exagerada no mundo digital pode comprometer a dimensão social dos internautas, a ponto de se transformar numa autêntica "droga", com efeitos nocivos. No caso dos religiosos, seria a perda da disponibilidade missionária e apostólica, a ponto de condicionarem a acolhida de uma missão dada pelos superiores à existência do sinal de telefonia celular e de internet no lugar para onde foram enviados. Seria como se Deus, antes de chamar e enviar alguém em missão, devesse consultar as operadoras de telefonia móvel e de internet. Caso fosse assim, os pobres estariam descartados do horizonte de Deus, por viverem em regiões não contempladas pelas empresas, em seus planos de expansão? Deus lhes viraria as costas, à espera da chegada do sinal da internet exigido pelos religiosos missionários? Se o formando, a tempo, não se conscientiza de ter optado por um caminho que supõe absoluta entrega nas mãos de Deus para a missão, sem desculpas e exigências, no futuro, se tornará imprestável para as missões junto aos mais pobres e descartados pelo capitalismo neoliberal. A generosidade para abraçar missões exigentes, junto aos marginalizados das periferias e dos interiores, dependeria dos projetos das grandes empresas de telecomunicação. Deus teria perdido o lugar para elas no coração dos (ex)discípulos do Reino!

A lista das dependências da internet revela-se extensa e, com o passar do tempo, tenderá a crescer com as inovações tecnológicas. Os formadores devem estar atentos para elas. Pode ser a obstinação por sites pornográficos, ou a compulsão por jogos e filmes, a busca obcecada por informações, com variados objetivos, desde os mais louváveis aos mais execráveis, o excesso de compartilhamento do que se recebe, omitindo-se de fazer a devida filtragem, as conversas e "amizades" com pessoas cujas identidades reais se desconhecem ou que se apresentam com um falso perfil. Esse elenco pode ser acrescido, sem fim.

Religiosos podem chegar ao ponto de ter dificuldade de pisar no mundo real, levando uma vida cindida, com graves desdobramentos comunitários e missionários. Existem os viciados noctívagos que passam a noite na internet e dormem durante o dia, quando se esperava estarem na ativa. Nesse caso, com grande probabilidade, perderam o rumo da vocação.

Uma categoria de "vício" comum e pouco referida como tal diz respeito à idolatria do celular. Existem pessoas que não o abandonam um só instante, a ponto de experimentar angústia, ansiedade ou pânico ao não tê-lo à mão ou sob os olhos. Estar descarregado torna-se causa de apreensão, como se provocasse falta de ar. Certas pessoas desenvolvem a mania de possuir o último modelo de celular, como necessidade inadiável. E de manterem os aparelhos ligados a todo momento, mesmo quando dormem e em ambientes onde se espera que estivessem desligados ou silenciados. Por precaução, carregam consigo uma bateria de reserva, como prevenção para uma intolerável desconexão do mundo digital.

Outros desenvolvem a mania de clicar as teclas do celular, numa forma de comportamento neurótico. Com isso, sentem uma necessidade compulsiva de estar sempre conectados com alguém. Caso liguem e não obtenham resposta, insistem como se o outro devesse estar pronto para atendê-los, a tempo e a hora, vinte quatro horas por dia. O WhatsApp, no momento, tornou-se uma febre. E, com ele, o Facebook, Facebook Messenger, o Instagram, o Youtube, o Twitter, o LinkedIn, o TikTok, o Pinterest, o Snapchat. Só Deus sabe que revoluções digitais estão a caminho! Caso a pessoa não tome a devida distância, será tragada pelas criaturas cibernéticas. Os religiosos, na consolidação de seu carisma congregacional, a começar pela formação inicial, são desafiados a estarem presentes no mundo das redes sociais – *social network* – com maturidade evangélica, convencidos de sua vocação e missão.

Outros elementos do ambiente digital devem estar no horizonte dos formadores, no trato com os formandos.

- Os formandos podem estar muito engajados no mundo virtual, mas apartados do mundo real, numa sobreposição do virtual ao real. Participam dos movimentos em favor dos pobres, promovidos na internet, mostrando-se solidários e preocupados com a situação dos marginalizados, dos migrantes e dos refugiados. Porém, são incapazes de mover uma palha para ajudar quem mora em situação desumana, ao lado da casa de formação. Será preciso conscientizá-los de que as ações virtuais não têm força de salvação, se prescindirem dos gestos concretos de caridade, de misericórdia e de luta pela justiça. O mundo ao qual se pode conectar por meio da máquina está longe de ser aquele onde se decide a história da salvação, no qual somos chamados a estar conectados com os irmãos sofredores pela via do coração!

- O mundo midiático-digital possibilita todo tipo de informação, em tempo real. O Google tornou-se a enciclopédia digital por excelência, capaz de oferecer qualquer dado do qual se tenha necessidade. Qualquer pergunta pode ser respondida com pouquíssimo esforço! No entanto, o excesso de informações, *information overload*, sem tempo para serem processadas e assimiladas, carrega consigo o germe da superficialidade. Nas redes sociais, um dado sucede outro, numa velocidade incontrolável, misturando coisas importantes com coisas secundárias, e os indivíduos não conseguem ponderá-las, num quadro mais abrangente de sentido. E são passadas adiante, compartilhadas, numa ciranda arriscada, ambiente propício para nascer todo tipo de notícias falsas.

- A sobrecarga de informações soma-se ao exagero de inter-relações com conhecidos, desconhecidos ou anônimos, nos múltiplos grupos de interesse, faltando tempo para aprofundá-las. Nas redes sociais, basta um simples toque para alguém ser inserido em um grupo; basta igualmente um toquezinho para excluí-lo ou excluir-se. Tudo reduzido à banalidade do gostar ou não gostar, do estar de acordo ou discordar, do ser a favor ou contra. Dispensa-se o diálogo e o "cara a cara" para o confronto de pontos de vista e a busca de consensos. A leviandade das relações na internet pode se repetir no trato pessoal com os irmãos, a quem se pode eliminar, ao bel-prazer, dispensando-se as motivações mais profundas e os diálogos prévios. Formandos da VRC, sem a devida orientação, podem desenvolver esse tipo de postura inteiramente contrário ao Evangelho e ao carisma de consagrados.

- Um elemento problemático no campo da mídia digital corresponde à falsa ideia de se tratar de um ambiente seguro, no qual a capa do anonimato acoberta toda sorte de desonestidade, de mau-caratismo, de injustiça e de perversidade, com o benefício da impunidade. Os navegadores da internet, com frequência, se esquecem de que "tudo" que circula na rede fica registrado e pode ser rastreado até se chegar a seus autores. Nessa "aldeia global", nenhum segredo ou ação anônima tem a chance de permanecer escondido por muito tempo! As delegacias para investigar cibercrimes estão cada vez mais bem apetrechadas e especializadas. E as varas encarregadas dos crimes cibernéticos estão prontas para julgá-los e puni-los, com o rigor da lei. Em tempos ciberespaciais, os formandos da VRC devem ser preparados para a transparência e a fuga das dissimulações facilitadas pela sociedade da comunicação e da informação.

- A internet tem promovido o narcisismo, de maneira descontrolada, ao incentivar a compulsão a se autofotografar ou ser fotografado, com a finalidade de "postar" na rede, à espera das curtidas. A inexistência ou a insuficiência de likes, no parecer da pessoa narcísica, poderá desencadear inimizades e cobranças. Os deslikes são insuportáveis! A felicidade e a infelicidade dos viciados em internet estão sujeitas aos números digitais. Quem adentra esse caminho estará fadado a uma vida miserável!

- A falta de liberdade e de tomada de distância do mundo digital pode ter o efeito colateral de levar os usuários incautos da rede a perderem o domínio da língua materna. Nesse ambiente, faz-se uso de uma linguagem sincopada, abreviada, inventada, transliterada do inglês, só inteligível para os iniciados. Quem desconhece o código linguístico em uso na internet corre o risco de ler um texto produzido por um internauta, sem compreendê-lo. A longo prazo, a sobreposição da linguagem da internet em relação à linguagem formal (gramatical) poderá gerar "analfabetos", incapazes de se comunicarem (falar e escrever) com as palavras encontradas nos dicionários. Quiçá será necessário um "dicionário de internetês"!

- A fragmentação linguística acontece em paralelo com a fragmentação da realidade pelo tsunami de informações recebidas e pela superação das categorias espaço-temporais que, no ciberespaço, têm pouquíssima ou nenhuma relevância. Como constatar a veracidade dos dados que nos chegam aos jorros? Como situar o próprio eu nessa espécie de caleidoscópio de fatos que se sucedem, ininterruptamente? Como se preocupar com a qualidade das perguntas, antes de se lançar com avidez em busca de respostas nas plataformas digitais? O discernimento torna-se, sempre mais, um imperativo!

3. Formar para um novo Pentecostes

O mundo midiático-digital deu origem a um novo Pentecostes, onde se pode falar todas as línguas e todas as linguagens, para além dos limites de tempo e espaço. Os aplicativos de tradução facilitam a interação entre pessoas que não falam uma língua em comum. Em tempo real, elas podem se comunicar e se fazerem entender. Essa facilidade de conexão ilimitada, quando mal utilizada, produz desencontros e transforma a rede em um verdadeiro campo de batalha. É como se a tradição bíblica da torre de Babel fosse reeditada! A internet, por um lado, permite comunicar notícias a todo mundo, no momento em que os fatos estão acontecendo; tem se mostrado eficaz para as mobilizações maciças e instantâneas, em torno de causas humanitárias; democratiza a difusão da ciência, das artes, das culturas; abre espaço para o diálogo construtivo entre pessoas de boa vontade. Por outro lado, tem sido utilizada para a desconstrução da cidadania, ao se tornar canal de propagação de boatos e mentiras, discursos de ódio, associação para atividades ilegais, facilitação do tráfico e toda sorte de comércio ilícito e outras malignidades.

Todavia, o avesso do mundo digital não pode ser usado como álibi para descartá-lo, à margem da necessária ponderação. A globalização da indiferença pelo viés digital não pode levar a perder de vista seu enorme potencial de mundializar a solidariedade. Importa usar corretamente essa maravilha dos nossos tempos, com a consciência de que nenhum instrumento pode ser desprezado, na condição de poder se tornar um canal válido para a construção de um mundo mais humano, justo e fraterno, mesmo com suas ambiguidades e limitações.

O mundo midiático-digital possibilita, da mesma forma, um novo Pentecostes ao conectar pessoas de todo o globo terrestre, em torno de eventos acompanhados em qualquer parte do planeta, simultaneamente, por bilhões de pessoas. O chat, por sua vez, promove a interação entre as pessoas conectadas numa mesma plataforma, a quem se faculta a palavra, permitindo-lhes se expressarem. Em certos acontecimentos mundiais, pode-se ter uma ideia da riqueza de culturas, ideologias, etnias, línguas, linguagens, religiões, interesses, ao se acompanhar o chat da transmissão. O milagre da comunicação, no início da Igreja, encontra agora suporte para acontecer de novo.

As sofisticadas tecnologias digitais de informação confrontam os discípulos do Reino, entre eles os formandos da VRC, com instigações bem específicas, nessa nova conjuntura mundial. Os formadores deverão tê-las sempre no horizonte.

No âmbito da evangelização, o conteúdo, o método, o público-alvo, os recursos e a linguagem e outros tópicos merecem ser, atentamente, considerados. Uma questão de fundo pode ser formulada assim: como posso me servir dos modernos canais de informação para transmitir a fé e evangelizar? A posse do instrumental e as habilidades para operá-lo são insuficientes, quando o evangelizador carece de um conteúdo consistente a ser comunicado. O palavreado vazio, a propagação de banalidades religiosas e a postura fanática, respaldada com o discurso da fidelidade à Igreja e à fé cristã, tão comuns na mídia religiosa, são desserviços à causa do Reino de Deus. O número de visualizações e de likes, por si só, jamais poderá ser critério de veracidade ou de contradição com os ensinamentos do Evangelho.

Considerando a presença atual e futura dos formandos no mundo da comunicação digital, será preciso reforçar-lhes a fé e o compromisso com Jesus de Nazaré e com o Reino, se se pretende contar com evangelizadores, promotores do novo Pentecostes. Por outro lado, espera-se que cresçam na solidariedade e no serviço aos empobrecidos e aos descartados deste mundo, como vivência coerente dos votos e fidelidade ao Espírito que chama a viver como consagrados. Essas duas balizas evitarão que, na sequência da caminhada, se deixem levar pelas "tentações" do mundo digital e caiam em suas armadilhas. Causa tristeza ver religiosos que se destacam na mídia desconectados do Evangelho, pois foram seduzidos pelo dinheiro e pela fama, com o respaldo de um narcisismo sem entranhas de misericórdia

A FORMAÇÃO NA VIDA RELIGIOSA CONSAGRADA

e capaz das maiores aberrações para se manter incólume. Espera-se que se distingam pelo testemunho de bondade, de honradez, de transparência e de coerência com o que ensinam. Afinal, a "pastoral da comunicação" nas redes deve ser precedida pela "pastoral do testemunho".

Existe uma série de aprendizados inadiáveis, com os quais formandos devem ser confrontados, já no início da caminhada, na perspectiva de se engajarem no evento de um novo Pentecostes:

(a) discernir o potencial evangelizador da mídia digital, em meio ao que vai na contramão do Evangelho;

(b) dominar a linguagem em que a Boa-Nova será proclamada, servindo-se dos recursos disponíveis, em acelerada modernização;

(c) apropriar-se dos conteúdos a serem partilhados, com o esforço renovado de atualizar-se, de modo a evitar a divulgação de futilidades, de temas irrelevantes ou de cunho intolerante;

(d) manter o foco da vocação e da missão congregacional, a ser potencializado num contexto inteiramente novo;

(e) cultivar uma vida espiritual consistente, na qual o exercício do discernimento contínuo possibilite trilhar os caminhos de Deus, com honestidade e coerência, não se deixando seduzir pela malignidade das "serpentes" e suas vozes enganadoras;

(f) conscientizar-se da necessidade de caminhar em coerência com o Evangelho, pois eventuais escândalos e contratestemunhos, registrados para sempre, jogarão por terra todo um trabalho de evangelização, pois os internautas se encarregarão de divulgá-los aos quatro ventos.

***

O admirável mundo novo digital e a cibercultura, nos quais formandos, bem como formadores, estão mergulhados, levantam sérias questões para o processo formativo das novas gerações da VRC. Com suas possibilidades e limitações, essa maravilha da inteligência humana abre espaço para uma gama imensa de recursos, até pouco tempo, impensáveis. Entrementes, a falta de juízo ao "navegar" por esses novos mares pode originar atitudes censuráveis, e mesmo criminosas, ao desviar os religiosos de seu primeiro amor. A tentação do anonimato e da impunidade tem sido uma armadilha perigosa, na qual muitos caem.

Atenção especial se dará ao risco do isolamento e do fechar-se no mundo digital, em torno de uma maquininha conectada à rede. O processo formativo na VRC jamais poderá perder de vista a exigência de os religiosos terem os pés bem fincados no tempo e no espaço, na realidade, como pré-requisito para o serviço do Reino. As metáforas evangélicas do sal, da luz e do fermento, ilustrações do modo de ser discípulo missionário no mundo, serão inspiradoras do seu modo de ser e de proceder, até quando se mergulha na web.

IX Ossos do ofício de um formador mistagogo

O trabalho na formação confronta formadores, equipes de formação e também governos de congregações com problemas, às vezes, imprevisíveis, para os quais devem estar alertas. Será elencado um punhado deles, com pequenas reflexões, contendo pistas para serem compreendidos e encaminhados. Como pano de fundo estará a mistagogia, por oferecer a perspectiva mais conveniente para se pensar a formação. Outras perspectivas, como a psicológica, são menos abrangentes, pois miram determinada dimensão em detrimento de outras igualmente importantes. Refletir sobre a formação, na perspectiva da caminhada para Deus, garante uma abordagem correta, por focar um elemento essencial que engloba e dá sentido aos demais.

Os tópicos seguirão uma ordem aleatória, não se atendo ao critério de importância, de recorrência, tampouco de etapas da formação. Eles englobam formadores e formandos, como um todo e em todos os estágios da caminhada.

1. Imagem pública dos religiosos

As acusações lançadas contra o clero católico, tido na conta de pedófilo, homossexual, mulherengo, apegado ao dinheiro e outras mazelas, respingam nos religiosos. A opinião pública e o senso comum não fazem distinção entre padre e religioso. As religiosas parecem estar ainda preservadas da maledicência.

No entanto, com preocupante frequência, escândalos envolvendo religiosos, conhecidos nessa condição, tornam-se públicos. O desvio de conduta deles, por um processo de generalização, acaba por ser atribuído ao conjunto da VRC, a ponto de todos os religiosos serem culpabilizados pela infidelidade de alguns. A mídia, alimentada pelo que produz manchete, busca freneticamente deslizes de pessoas ligadas à Igreja para se alimentar com eles. As redes sociais têm se mostrado rápidas e eficacíssimas nessa tarefa, com o agravante de misturar verdade com mentira e transformar tudo numa coisa só. Cada indignidade praticada por religiosos, ao se tornar conhecida do grande público, deixará sua marca na imagem pública da VRC.

Imagem pública diz respeito à forma como a sociedade vê uma pessoa, positiva ou negativamente. Toda pessoa produz uma imagem pública, independentemente do seu querer. A variação fica por conta das dimensões assumidas, pois depende de a pessoa ser muito ou pouco conhecida. A imagem pública dos religiosos constrói-se e se alimenta com suas relações cotidianas, a começar pela comunidade religiosa, os funcionários da casa, bem como pela vizinhança, familiares, amigos e conhecidos, pessoas encontradas no âmbito da missão. Cada encontro pessoal, mesmo com desconhecidos, tem influência direta na imagem das pessoas, pois, ao ser narrado, ficará patente como o outro foi visto, julgado e avaliado. Por esse viés, a imagem pública de uma pessoa se consolida.

Os religiosos, por serem personalidades públicas, estão sobremaneira implicados na dinâmica de construção da imagem pública. Espera-se que mostrem ser homens de Deus, devotados ao serviço dos mais pobres, com um coração transbordante de misericórdia, como deve acontecer com os discípulos autênticos de Jesus. Assim os religiosos deveriam ser vistos pela sociedade: homens da misericórdia, nos passos de Jesus de Nazaré!

O tema da imagem pública necessita ser tratado já nos primeiros passos da formação, pois a credibilidade dos religiosos e a eficácia de sua ação evangelizadora dependem de como a sociedade os vê. Assim, a má conduta de um aspirante ou de um postulante, identificado como "seminarista", pode respingar na imagem pública da congregação. Ao serem vilipendiados, por motivo justo, os religiosos tornam-se sal que perdeu o sabor, fermento com prazo de validade vencido. Como desdobramento, o descrédito da VRC torná-la-á pouco atrativa para novas vocações. Quem se motivará a ingressar numa congregação cujos membros passam a imagem de serem pervertidos ou infiéis aos seus votos? Considerados burgueses ou conhecidos por seus conflitos internos na comunidade religiosa? Ou pessoas alienadas da realidade, sem compaixão pelos pobres, vivendo num mundo irreal? Por conseguinte, exige-se um esforço contínuo dos religiosos, desde cedo na formação, em vista de construir uma imagem pública em sintonia com o Evangelho, mesmo que, em certas circunstâncias, seja muito alto o preço a ser pago pela opção de vida.

Alguns passos podem ser dados na formação inicial, em vista de conscientizar os formandos da importância de construir e preservar uma imagem pública da VRC maximamente evangélica.

- Os formandos sejam conscientizados de que o bom êxito de tudo quanto fizerem ao longo da vida dependerá da imagem pessoal passada para a sociedade. Quanto mais credibilidade tiverem, maiores serão as chances de serem reconhecidos e valorizados; quanto mais desacreditados, maiores as probabilidades de trabalharem em vão. Mesmo pessoas sem pertença religiosa e autodesignadas ateias sabem intuir muito bem o que se espera de uma pessoa ligada à Igreja ou a alguma instituição religiosa. Qualquer desvio dos religiosos será logo percebido, criticado e jogado nas redes sociais, para o deleite das mentes doentias. Que os formandos, desde cedo, se deem conta de que tudo quanto fazem reflete-se em sua imagem pessoal e, mais amplamente, na da sua comunidade, da sua congregação e da Igreja.
- Os formadores estejam atentos para os formandos relutantes em interiorizar essa sabedoria de vida. Quem se comporta de qualquer maneira, pouco se importando com as repercussões de seus atos, de modo a produzir contínuos vexames, não pode ser considerado apto para a VRC. Alguns se iludem quando pensam poder agir às escondidas, "porque ninguém vai saber". Os casos de gente flagrada após muitos anos de conduta incompatível com sua condição social ou religiosa são sobejamente conhecidos. O progresso tecnológico possibilitou a qualquer cidadão trazer consigo um pequeno aparelho com o qual pode filmar, fotografar e gravar

tudo e, sem escrúpulos, jogar nas redes sociais. A difamação só tem caminho de ida!

- Os casos de escândalos de religiosos da própria congregação e da Igreja devem se tornar objeto da reflexão dos formandos, sem corporativismo e sem crítica exagerada. Sem julgar a intenção e as motivações das pessoas implicadas, pode-se avaliar os elementos tornados públicos, para deles tirar lições. Colocar na conta de normalidade os desvios de conduta, com a justificativa de que "errar é humano", não tem cabimento. Igualmente, encobrir o malfeito dos religiosos para não chocar os formandos. Por serem adultos, estarão em condições de refletir, com maturidade e serenidade, sobre fatos de conhecimento público em que haja religiosos envolvidos, cujas repercussões maléficas não têm limites.

- Na direção oposta, recomenda-se valorizar e propor como modelo o testemunho profético de religiosos, conhecidos pelo grande público ou não, cujas imagens refletem os valores evangélicos. Sua boa fama poderá servir de incentivo tanto para os formandos quanto para quem pensa em optar pela VRC como ideal de vida. Infelizmente, enquanto os escândalos têm larga difusão e permanecem longo tempo na consciência popular, os testemunhos de fidelidade e de honestidade à vocação têm pouca ressonância e logo caem no esquecimento. A formação deve inverter essa tendência, privilegiando a memória dos testemunhos positivos de integridade no compromisso com o Evangelho e deixando que os contratestemunhos caiam no esquecimento.

A formação, em hipótese alguma, seja entregue nas mãos de religiosos cuja imagem pública esteja arranhada ou venha a ser maculada, após ter assumido o compromisso de formador. Com que moral falariam de boa fama com os formandos? Como questionariam um formando, cuja conduta desdiz o ideal da congregação e da VRC? Seriam hipócritas ao exigirem um modo de proceder que não faz parte de suas agendas.

2. Dar e receber informações

As trocas de informações sobre os formandos são normais em se tratando de formação na VRC. Seja respeitado, porém, a todo custo, o direito de cada um à boa fama. Uma grave injustiça poderá ser cometida por quem se refere aos formandos de maneira indiscreta, não medindo as palavras, muito menos considerando quem fala, onde fala e o que fala. Nem tudo o que se sabe a respeito deles pode ser partilhado com qualquer pessoa, em qualquer lugar. Toda prudência será pouco no manejo das informações, no ambiente da formação.

Certas informações podem ser passadas adiante, a quem de direito, outras não. Existem pessoas que podem dar informações sobre os formandos, outras não. Tudo depende do âmbito no qual a informação foi obtida e o papel desempenhado pela pessoa na vida dos formandos. As informações poderão provir da abertura de consciência nas conversas entre formador-formando e no acompanhamento espiritual. Na convivência diária com o formador, em determinados momentos, de maneira espontânea, o formando poderá abrir o coração e lhe falar de sua intimidade, como o faria num encontro formal e programado. Mesmo as informações recebidas dos formadores das etapas anteriores deverão ser devidamente consideradas, quando for preciso se referir a elas no diálogo com membros da equipe de formação ou outra pessoa.

Os conceitos de foro interno e foro externo podem ajudar a distinguir o que pode e o que não pode ser comunicado do que se sabe a respeito dos formandos.

Foro interno diz respeito ao mais íntimo da pessoa, onde só ela tem acesso. Refere-se à sua liberdade e à sua consciência. O ingresso no foro interno alheio dependerá da disposição do outro a revelá-lo, de abrir as portas do coração e decidir partilhar fatos que, até então, tinham sido mantidos em segredo. Tal experiência jamais aconteça sob pressão ou por coação, com o atropelo da liberdade e da vontade alheia, sem as quais ninguém consegue adentrar a intimidade do outro. Aí se chega somente quando a pessoa se dispõe a falar do que se passa no seu íntimo. Por isso, ninguém pode ser forçado a falar de seu mundo interior, nem mesmo na confissão ou em sessões de psicoterapia e psicanálise.

Foro externo diz respeito aos elementos do caráter ou da história pessoal, conhecidos na convivência, pelo modo de alguém se comportar e reagir em situações precisas. Pode-se, pela observação do comportamento de uma pessoa, deduzir suas motivações profundas. Isso, porém, não significa ter atingido seu foro interno. Qualquer pessoa poderá conhecer externamente o outro com o pressuposto de estar atenta a tudo quanto faz e anseia, ao modo como se relaciona com os demais, seus hábitos, suas idiossincrasias, suas preferências, seus hobbies preferidos e tantos outros componentes de seu dia a dia. A convivência possibilita que alguém discorra longamente sobre pessoas de seu círculo de amizade com os dados obtidos no foro externo, acessíveis a qualquer um, dispensando-se a permissão da pessoa de quem se fala.

As informações obtidas no âmbito do foro interno não poderão ser partilhadas, por se tratar de uma forma de segredo entre o formador e o formando. Só o formando tem o direito de falar delas a quem lhe convier. Em situações precisas, o formador poderá servir-se de tais informações, com permissão do formando. O sacramento da Reconciliação está excluído dessa possibilidade: ninguém pode dar ao confessor permissão para falar do que lhe revelou em confissão. Informações obtidas no foro externo podem, com as devidas precauções, ser comunicadas. As obtidas no foro externo, não.

Situação delicada na VRC masculina clerical diz respeito à do mestre de noviços com função de confessor dos formandos. O Código de Direito Canônico proíbe essa prática, pois o mestre de noviços e o superior, por seu ofício, deverão dar informações, obtidas no foro externo, sobre os formandos a eles confiados. "O mestre de noviços e seu sócio, o reitor do seminário ou de outro instituto de educação não ouçam confissões sacramentais dos alunos que residem na mesma casa, a não ser que eles, em casos particulares, o solicitem espontaneamente" (cân. 985). Desaconselha-se essa mistura de foros. Enquanto, no exercício de uma função, o formador tem o dever de dar informação a respeito do formando; no exercício de outra, está impedido.

A distinção clara entre permitido e não permitido, quando existe sobreposição de instâncias, torna-se praticamente impossível no tocante às informações sobre os formandos. As informações provenientes do sacramento da Reconciliação são, absolutamente, invioláveis; dados obtidos na convivência com o formando e de conhecimento público são passíveis de serem comunicados a outrem. Informações resultantes do diálogo entre formando e formador, onde aquele comunica fatos de sua vida íntima e pessoal, dificilmente conhecíveis de outro modo, e que não permite serem ditas a outrem, estão sob o sigilo das informações obtidas no foro interno.

Todo ato de comunicar e receber informações exige ser revestido com a devida cautela e prudência. Afinal, toda narração corresponde a uma interpretação do que se viu ou ouviu. Ninguém comunica o fato bruto, reportando-o com total isenção de ânimo. Informar significa interpretar a ação alheia. E a interpretação depende de fatores objetivos e subjetivos, além de outros múltiplos condicionamentos. Um ditado popular reconhece: "Quem conta um conto, aumenta um ponto". Daí decorre o valor do esforço em se alcançar o máximo de objetividade, de forma que o formando se reconheça no que falam a seu respeito. Superestima, subestima, preconceito, intransigência, rigorismo, moralismo ou lassidão em relação aos formandos são alguns dentre os muitos elementos perturbadores da sadia obtenção ou comunicação de informações a respeito deles, por parte dos formadores.

Em situações em que se fala de informações obtidas no foro interno, ainda assim passíveis de serem comunicadas, com muita cautela, urge estar atento para só repassá-las a (pouquíssimas) pessoas de extrema confiança – não podem ser passadas a qualquer um –, com a obrigação de guardarem estrito segredo. A informação deve ser tratada como se tivesse sendo comunicada no foro interno.

Uma questão delicada diz respeito ao uso da informação que se recebe a respeito do formando. Alguém pode ser tentado a absolutizá-la e tomar decisões, referindo-se a ela, porém, sem aprofundá-la. Outra tentação em que caem muitos formadores para descrédito deles mesmos e de outros consiste em revelar aos formandos a fonte da informação, dizendo o nome da pessoa por quem foi obtida. Entretanto, existem formadores que, tendo recebido informações consistentes a respeito de algum formando, agem como se não soubessem de nada.

A prudência recomenda que, mesmo as informações recebidas de fontes seguras, sejam checadas para se chegar a um juízo pessoal: "Realmente é assim, pois constatei, por mim mesmo, a veracidade dos dados recebidos!". Pode incorrer em injustiça quem fica tranquilo tendo em mãos uma informação que lhe chegou, dispensando-se do trabalho de verificar sua veracidade.

Pode acontecer de um formador ser solicitado a dar informações sobre ex-formandos, que pensam ingressar em outra congregação ou em algum seminário. Quem as solicita, em geral, são pessoas desconhecidas, cuja confiabilidade

A FORMAÇÃO NA VIDA RELIGIOSA CONSAGRADA

e confidencialidade são de difícil verificação. E mesmo sua habilidade de servir-se das informações solicitadas com discernimento e ponderação. Nessas circunstâncias, *jamais* poderão ser passadas informações obtidas no foro interno. Caso se decida a dar informações, limite-se ao que se pode conhecer, largamente, no âmbito do foro externo. Caso o novo formador seja indiscreto e revele a fonte em que se informou sobre determinado formando, o ex-formador quiçá terá como se defender declarando ter comunicado fatos de conhecimento público, mas nenhum segredo.

Em todo caso, a prudência recomenda ser parco e reticente ao informar sobre ex-formandos. A loquacidade e o excesso de verdade poderão se mostrar inconvenientes e embaraçosos. Seja recordada a possibilidade de um ex-formando abrir processo judicial contra o ex-formador que passou adiante coisas indevidas sobre ele. Todo cuidado é pouco!

Informações comunicadas aos superiores e a outros membros da equipe de formação poderão ter o efeito de estigmatizar certos formandos. Será grande a tentação de rotulá-los com apodos, sem que lhes seja dada a chance de refazer a boa imagem. São conhecidos casos de formandos que cometeram algum deslize nos anos iniciais da formação, donde foi gerada uma informação negativa a seu respeito, e tal informação ter sido passada de etapa em etapa, de formador em formador, de superior a superior, como se toda a vida do formando se limitasse àquela experiência. Atitude tremendamente injusta, de modo particular, para quem se esforçou, com sinceridade, para caminhar e superar as limitações e, com as muitas ajudas recebidas, conseguiu dar passos.

3. Heterossexualidade – homossexualidade

O tema da identidade sexual, desdobrado em sempre novas formas de comportamentos, deixou de ser tabu, para ser tratado abertamente, com diferentes níveis de profundidade e de seriedade. A nomenclatura, com suas muitas siglas, vai sendo acrescida de novas letras, na medida em que se fazem criativas distinções e o fenômeno da sexualidade humana descortina o mistério do ser humano.

Trata-se, aqui, de oferecer algumas pistas para lidar com a temática no âmbito da formação na VRC. Está fora de cogitação uma abordagem exaustiva, abarcando seus muitos aspectos e implicações. Pretende-se algo bem modesto.

O ponto de partida apela para a mistagogia e se volta para Deus que livremente chama para a VRC tanto héteros quanto homossexuais. Vem à mente uma afirmação bíblica tantas vezes repetida no texto sagrado: "Deus não faz acepção de pessoas". O olhar divino pousa sobre cada ser humano, criado à sua imagem e semelhança, e o ama com amor infinito. Preconceito, segregação, desprezo, hostilidade e marginalização não fazem parte do vocabulário de Deus no trato com o ser humano. Por outro lado, seu olhar misericordioso pousa sobre cada um, considerado em sua totalidade, sem o compartimentar, como se houvesse dimensões mais importantes que as demais, com a dimensão sexual assumindo o papel de "patinho feio". Tudo no ser humano tem importância. E a beleza de cada pessoa emerge do conjunto de sua verdade!

No tocante à sexualidade, já no início da caminhada, os formandos deverão ter clareza de sua orientação sexual e, mais, passado por um processo de integração.

Caso contrário, a formação se bloqueará com a multiplicação de conflitos internos, nem sempre partilhados com o formador. Isso vale tanto para héteros quanto para homossexuais. Quão dramática se configura a situação de um formando às voltas com a homossexualidade negada e reprimida! Na mesma linha, o formando heterossexual que não trabalhou seus impulsos e vive atormentado ao se sentir chamado para uma vocação celibatária, quando não consegue ver-se fora de uma vida sexual ativa. A abertura de coração com o formador, com quem se possa falar sem censuras, será uma exigência indispensável. No âmbito da VRC, o formador será o interlocutor principal do formando, nesta e naquelas temáticas determinantes na construção do seu *humanum*.

Cabe ao formador, em diálogo com a equipe de formação, verificar as melhores maneiras de ajudar os formandos no processo de integração da sexualidade, levando em conta as exigências próprias da VRC, no tocante a essa dimensão. Todos os formandos devem ser ajudados, tendo como ponto de partida a situação de cada um e como meta a encarnação do carisma congregacional, como doação da própria vida em favor dos empobrecidos e marginalizados.

Quem bate à porta de uma congregação deverá possuir um conhecimento amplo e realista do que lhe será exigido. As exigências são iguais para todos os religiosos, independentemente da identidade sexual. O caminho da fidelidade será tão austero para homo quanto para heterossexuais. Não tem cabimento aplicar dois pesos e duas medidas, por se tratar de uma só vocação e um só carisma congregacional, que apelam o vocacionado para a oblatividade e o serviço, num horizonte mistagógico. Situa-se aqui uma cláusula inegociável da VRC. Quem opta por tal projeto de vida, buscando a si mesmo e seus interesses pessoais, seja hétero, seja homossexual, estará fora de lugar. Em ambos os casos, o egoísmo narcísico será um empecilho para prosseguir e não, propriamente, a identidade sexual. Daí a presença na VRC de homossexuais entregues ao serviço misericordioso do próximo, com uma grandeza de coração invejável, assim como fazem tantos heterossexuais. De igual modo, também há homossexuais egoístas, sem entranhas de misericórdia, como são tantos heterossexuais. O nó da vocação, portanto, tange a identidade existencial, muito mais abrangente e fundamental que a simples identidade sexual.

Tanto héteros quanto homossexuais sempre se verão às voltas com problemas de sexualidade, a serem refletidos e internalizados. Haverá circunstâncias em que a crise poderá assumir tal complexidade, a ponto de ser desaconselhável levarem adiante a formação, ou, no caso de veteranos, continuarem na congregação. Certos formandos, já muito cedo, dão mostras de incapacidade de coadunar sua identidade sexual com a proposta da VRC. Continuar seria como remar contra a maré! Se dão mostras de boa vontade e desejo de prosseguir com o projeto de consagração, deverão ser ajudados com os recursos apropriados.

A VRC existe para os que são capazes dela, assim como o Matrimônio só dá certo para quem sente o chamado para a vida de comunhão. Como existem pessoas inaptas para o matrimônio, igualmente existem pessoas inaptas para o carisma da VRC. Em ambos os projetos de vida, a questão da identidade sexual está implicada. Quem se convence de não ser chamado para determinado carisma deverá continuar o discernimento até chegar a escolher o caminho que, realmente, corresponda àquele querido por Deus, com a identidade sexual que carrega consigo.

Um engano recorrente consiste em manter sob a capa da ambiguidade o tema da sexualidade e da afetividade na VRC. Exige-se enfrentá-lo sem falsos pudores ou preconceitos, por se tratar de uma dimensão do *humanum*, obra da bondade divina. No entanto, seria insensato promover um clima de caça às bruxas para eliminar até os últimos resquícios da homossexualidade na VRC, como se o normal fosse a heterossexualidade. Isso nada tem a ver com a militância homossexual, em sua expressão banal e vulgar, que abre as portas para a corrupção moral, frequente na sociedade contemporânea. Vendo sob outro ângulo, não tem sentido fazer vistas grossas para os desregramentos heterossexuais, embalados pela permissividade e pela falsa ideia de que "não tem nada demais" ser infiel aos compromissos assumidos por ocasião dos votos religiosos. Atitude indigna de quem, mesmo de longe, se reconhece estar a caminho para Deus!

Vivendo numa sociedade e numa cultura onde o erotismo e a pornografia são onipresentes, as questões referentes à sexualidade e à afetividade deverão merecer a devida atenção dos formadores. Com certeza, nenhum formador de bom senso cultivará a ilusão de transformar a casa de formação numa espécie de redoma, onde os formandos estejam imunes da "influência maléfica do mundo". Esse mundo do qual se quer ver livre entra nos recônditos da casa de formação e da vida dos formandos por meio de um aparelhinho chamado smartphone, com o qual se pode conectar com o mundo inteiro, no que tem de belo e de perverso, sem limite de tempo e espaço. A consciência da consagração e a determinação de ser fiel aos compromissos da vocação, com discernimento e vigilância, balizarão a caminhada dos religiosos que, de verdade, fizeram uma opção de vida autêntica.

Quanto aos formadores, nunca poderão compactuar com os desvios de conduta dos formandos héteros ou homossexuais. Numa sociedade e cultura marcadas pelo desregramento sexual, os religiosos são chamados a dar um testemunho profético de vivência da corporeidade e da afetividade numa dimensão humanizadora, nos passos de Jesus de Nazaré.

4. Recurso à psicoterapia

A psicoterapia tem sido um recurso valioso no âmbito da formação. Religiosos veteranos, igualmente, são ajudados a superar bloqueios e traumas e a levar uma vida mais saudável e feliz, após um eficiente acompanhamento psicoterápico. Ilude-se, no entanto, quem pensa ser a psicoterapia uma espécie de panaceia, eficaz para qualquer distúrbio psicoafetivo dos religiosos. Trata-se de "uma" mediação que, somada a outras e à espiritualidade, tem seu valor. Não é "a" única e insubstituível, quando se deseja chegar à integração interior.

O recurso à psicoterapia, no processo formativo, levará em conta alguns elementos:

A FORMAÇÃO NA VIDA RELIGIOSA CONSAGRADA

- Os acompanhamentos psicoterápicos têm distintos graus de eficácia na superação de problemas pessoais e comunitários. Em alguns casos, terá excelentes resultados, em outros, não. Nada de absolutizá-los como se fossem capazes de realizar milagres; nem estabelecer como regra que todo formando deve, necessariamente, submeter-se a acompanhamento psicológico. A casa de formação não pode ser confundida com uma clínica de psicologia.

- A psicoterapia será frutuosa na condição de o formando reconhecer sua necessidade e dispor-se a colaborar com o psicoterapeuta. Submeter-se contra a vontade para satisfazer o formador resultará em desperdício de tempo e de dinheiro. Que fazer para convencer um formando deveras necessitado de acompanhamento psicológico, se não o deseja, sequer o julga necessário? Pode acontecer de o formador e a equipe de formação estarem certos de que o formando deve receber ajuda profissional, menos ele mesmo. Seria o caso de se colocar sob suspeita a vocação desse formando teimoso. A docilidade, nessas circunstâncias, pode ser um sinal positivo de vocação sincera.

- O psicoterapeuta será escolhido a dedo. Nada de entregar os formandos a profissionais sem as devidas referências e recomendações, para não caírem em mãos inescrupulosas. O fato de ser um religioso ou uma religiosa, por si só, não torna recomendável o psicoterapeuta. Aí também existem "picaretas". Poderá ser prudente pedir informações a formadores de outras congregações cujos formandos fizeram ou fazem psicoterapia com resultados positivos.

- Além de se dispor a fazer psicoterapia, deverá haver sintonia entre o formando e seu psicoterapeuta. A dessintonia entre terapeuta-paciente dificulta, e até mesmo inviabiliza, o processo psicoterápico. Logo, será necessário buscar até encontrar o terapeuta com quem o formando seja capaz de se entrosar.
- Sinal de maturidade do formando será a abertura para partilhar com o formador os resultados da psicoterapia. Será preciso que o formador inspire confiança e credibilidade, e que seja capaz de guardar segredo, de forma a não tornar públicas experiências do formando, às vezes, partilhadas a duras penas.
- Em hipótese alguma o formador procure o psicoterapeuta em busca de informações sobre processos vividos pelos formandos, em especial, quando se vê às voltas com a tomada de decisões a respeito dele. Os psicoterapeutas poderão ser colocados em situações constrangedoras, com o risco de transgredir o código de ética profissional. Informações obtidas por psicólogos e psicanalistas de seus pacientes situam-se no âmbito do foro interno. Por isso, devem ser tratadas com o maior cuidado e confidencialidade. Valem para eles as regras do segredo profissional. A fonte de informação sobre o processo terapêutico vivido pelo formando, desejada pelo formador, seja o próprio formando, num clima de

transparência. Caso pairem dúvidas quanto à veracidade das palavras do formando, seria o caso de se perguntar sobre a conveniência de deixá-lo prosseguir. De jeito nenhum, o psicoterapeuta será consultado em vista de esclarecer pontos nebulosos na história do formando.

- Os processos psicoterápicos não podem ser enquadrados em prazos rigidamente delimitados, ao mesmo tempo, não podem prolongar-se por um tempo infindável. Além do aspecto financeiro, pois são dispendiosos, há de se considerar a real capacidade do formando de assimilar os estímulos recebidos na psicoterapia. Se, depois de um tempo razoável, os resultados são insignificantes, a ponto de não se justificar um investimento tão caro, seria o caso de se considerar a conveniência de despedir o formando.

- Em alguns casos, aconselha-se suspender o processo formativo no decorrer da psicoterapia. Os rebuliços provocados no coração do formando são tantos, que podem impedi-lo de tirar proveito da etapa em que se encontra. E as etapas não podem ser passadas umas depois das outras por mera formalidade, sem que os frutos sejam devidamente alcançados. Os resultados de etapas mal vividas, sem demora, se farão perceber.

- Pode ser de grande ajuda para os formadores e as equipes de formação contar com a assessoria de profissionais na área da psicologia. No discernimento de certos casos, a orientação especializada será oportuna para prevenir equívocos tanto na avaliação quanto nos encaminhamentos a serem dados. Aliás, o conhecimento de noções básicas de psicologia será de grande proveito para o dia a dia do formador. Esse tipo de avaliação exige habilidade para identificar certas psicopatias e intuir formas de ajudar os formandos. De igual modo, a capacidade de ponderá-las, considerando suas manifestações, em vista de compreender sua gênese. Esse exercício não leva a confundir a função de formador com a de psicólogo. Serve, apenas, para o bom cumprimento da missão formativa, a ser avaliado com um profissional. Enfim, não cabe ao formador vestir a camisa do psicoterapeuta.

5. Vocação de adultos

Com cada vez mais frequência, batem à porta das congregações pessoas adultas, dizendo-se movidas pelo ideal da VRC. Se em todos os casos de novas vocações as equipes de formação devem estar atentas, nesses será preciso um pouco mais de cautela. Aqui se fala em vocação de adultos e não em vocações adultas. A vocação não tem idade, mas o vocacionado, sim. Ela depende da iniciativa de Deus que chama quem ele quer e quando quer.

Como avaliar a vocação de um adulto? Como ponderar a idade cronológica? Atualmente, muitas pessoas decidem-se pelo Matrimônio depois de certa idade. Outras adiam a decisão quanto podem. Outras decisões importantes, igualmente, vão sendo postergadas. Com a VRC acontece

A FORMAÇÃO NA VIDA RELIGIOSA CONSAGRADA

algo semelhante. Há quem a busque após longa experiência profissional, depois de ter garantido o futuro, inclusive com uma boa aposentadoria. Por sua vez, existem congregações que determinam claramente a idade limite para seus pretendentes. Quanto mais alguém esteja próximo da idade limite ou tenha uma idade razoável, tanto mais prudência será requerida na avalição de seu caso.

Eis algumas pistas que podem ser úteis no discernimento de vocações de adultos:

- Avalie-se, devidamente, o histórico do candidato, cuidando para não escapar algum tópico relevante. A pergunta de fundo será: por que, só agora, decidiu ingressar na VRC? Pessoas fracassadas na vida, com história afetiva e familiar complicada, com passado nebuloso, devem ser evitadas.
- Verifique-se seu engajamento social e eclesial, ao longo da vida. Aqui está implicada a questão da maturidade da fé e sua expressão social na prática da caridade, pela pertença a grupos ou movimentos. As ideologias desses grupos serão levadas em conta. Pessoas que militaram em grupos tendentes ao fanatismo, à intransigência religiosa, ao moralismo e a posturas exaltadas sejam colocadas em xeque, para não trazerem para a casa de formação e para a congregação modos de proceder contrários ao Evangelho. Quanto mais sadia a vivência da fé, tanto maior a possibilidade de um adulto se adaptar à VRC.
- Perceba-se o grau de maleabilidade do indivíduo no trato com questões práticas, bem como na

capacidade de dialogar e se confrontar com pontos de vista diferentes. Personalidades excessivamente rígidas ou fechadas, com grande probabilidade trarão problemas para a convivência com os companheiros de formação e terão dificuldade de se adequar ao novo contexto. A VRC será como uma roupa desajeitada, usada de forma deselegante, por não ter sido feita para elas. Esse tipo de formando se faz reconhecer pela resistência a se entrosar com o grupo, comportando-se como peixe fora d'água.

- Adapte-se o projeto de formação à realidade dos adultos considerados aptos para o carisma e a missão da congregação. Desaconselha-se submetê-los aos esquemas pensados para adolescentes ou jovens adultos. Será grande o risco de infantilizá-los a ponto de desanimá-los, no caso das vocações autênticas. Em congregações clericais, onde os adultos são submetidos ao processo normal de formação, o momento da ordenação presbiteral e o início do ministério acontecem quando são um tanto idosos para assumir tarefas que exigem resistência física e muita saúde. Por conseguinte, será preciso levar em consideração esse dado.

- Sejam valorizados e aproveitados os talentos e as competências profissionais dos formandos adultos, como parte da caminhada da formação. Convém criar espaço para assumirem responsabilidades nas quais seus conhecimentos e habilidades são requeridos. Trata-se de fazer frutificar seus dons pessoais, longe da intenção de correr atrás de mão de obra gratuita. Pecado seria deixar seus talentos se perderem por desconhecimento ou não reconhecimento do seu valor.

- Convença-se de que o adulto está dando os primeiros passos na VRC, na condição de iniciante. Por conseguinte, ao mesmo tempo que se valoriza sua formação e competência profissional, tenha-se em mente a necessidade de ele ser introduzido na prática da oração, no cotidiano da vida comunitária, na história, carisma e espiritualidade da congregação, no corpo apostólico congregacional, na vivência da missão em consonância com o carisma. Embora adulto e experiente, deve fazer uma experiência de aprendizado, com dois pressupostos: não ser cobrado do que não está em condições de oferecer; não se comportar como se fosse um religioso veterano, dando mostras de uma maturidade congregacional só alcançada após longos anos de experiência.
- Proceda-se com transparência com o formando adulto cuja inaptidão para a VRC vá se mostrando cada vez mais patente. Seria desonesto deixá-la seguir adiante, quando já se sabe que não irá muito longe. O formador experiente saberá como proceder com caridade!

6. "Figurinhas carimbadas"

Chamo de "figurinhas carimbadas", hoje menos frequentes, as vocações que têm "donos": os formandos tutelados pelo padre fulano ou pela irmã sicrana, que o encaminhou para a congregação e se gaba disso. Considera--os como se fossem suas "crias". Deles só veem as virtudes, pois lhe parecem não ter defeitos. "Uma vocação maravilhosa!", afirma.

Formadores inexperientes tendem a se intimidar e se deixarem bloquear por quem se assenhoreou de determinada vocação. Com isso, perdem a objetividade no trato com aquele formando e receiam tomar decisões mais enérgicas, ou mesmo despedi-lo, temendo serem criticados ou tornarem-se vítimas da explosão de cólera e dos impropérios dos padrinhos e madrinhas. E serem confrontados com desabafos do tipo: "Não proporei a congregação para mais ninguém. Tiveram coragem de mandar embora aquela vocação excepcional!"; ou: "Não contem mais comigo, pois trago vocações para a congregação e os formadores cuidam de mandá-las embora!". "Onde esses formadores estão com a cabeça? Depois ficam dizendo que não temos vocação!"

Críticas desse gênero são desgastantes. Entretanto, será preciso fazer-lhes frente, para o bem da congregação. O formador só superará situações como essas se tiver sólida maturidade e personalidade. Embora sob a pressão dos "donos" e "donas" de certos formandos, ele deverá agir com clarividência.

O caminho correto consistirá em se manter destemido defronte das pressões, seguindo os ditames da consciência. As "figurinhas carimbadas" serão tratadas como os demais formandos, sem privilégios, mas também sem exigências descabidas para desvinculá-las dos padrinhos. O formador prescindirá de sua procedência, se chegou por intermédio de a ou b, interessando-se por todos os formandos, sem distinção, usando sempre de transparência.

Se, no decorrer do processo, for constatado que uma "figurinha carimbada" se mostra inapta para a VRC, será despedida, mesmo a contragosto de seus tutores. Faz parte dos ossos do ofício do formador engolir críticas injustas e sem fundamento, por parte dos irmãos de congregação desconhecedores do dia a dia da formação. Se o formando segue adiante e se mantém firme na caminhada da formação, será pela consistência de sua vocação e não por motivos paralelos ao processo formativo.

Quem encaminha uma vocação para a congregação deve ter a maturidade de não cercear a equipe de formação, e sim confiar na sua competência. Evite carimbar o recém-religioso como se fosse propriedade sua. Deixe livres o formando e seus formadores. Caso o formando venha a ser convidado a interromper o processo formativo, procure conhecer os motivos da decisão em sintonia com a equipe. Falar mal dos formadores ou tomar a decisão de "jamais" mandar vocações para a congregação podem ser indícios de imaturidade e de motivações inconfessadas de fundo psicológico. Há quem pretenda fazer com que determinado formando seja sua imagem e semelhança, projeção de si mesmo. Busca-se, assim, uma espécie de compensação: o outro será o que desejei ser e não fui capaz ou não pude sê-lo.

Pode acontecer de a tal vocação ser despedida por imperícia da equipe. Então, o caminho correto consiste em o "padrinho" comunicar à equipe sua apreciação, fundamentando-a, para ajudá-la a se corrigir. Em todo caso, evite, a todo custo, desacreditá-la diante dos formandos e da congregação. Os efeitos daninhos desse ato são imponderáveis, com prejuízo para todos.

7. Egressos de outras congregações

O trânsito de uma congregação para outra, no período da formação, tem-se mostrado um fenômeno normal; na mesma linha, a passagem dos seminários diocesanos para a VRC e vice-versa. Corresponde ao momento de procura do carisma congregacional que melhor se coadune com os interesses e as aptidões de um vocacionado. Em geral as congregações se mostram abertas para acolher egressos de outras congregações e os tratam com benevolência. Quiçá haja alguma que os avalie com critérios mais rigorosos, como pré-requisito para aceitá-los.

Eis algumas pistas para o encaminhamento dessa questão:

- Por haver vários tipos de egressos, será preciso verificar em que categoria o candidato se encaixa. Os *indecisos* vão de congregação em congregação sem condições reais de fazer uma escolha séria e definitiva. Os *parasitas* exploram uma congregação depois da outra, pois não têm vocação. A condição de eternos formandos alimenta-lhes a ociosidade. Os *sinceros*, realmente, querem decidir-se pela congregação adequada a seus dons e não conseguem acertar de imediato. Daí "provarem" várias congregações, antes de se decidirem. Os hesitantes podem ser ajudados no sentido de trabalhar a liberdade, para estarem em condições de se decidir com maturidade. Os parasitas sejam excluídos. Aos sinceros apresente-se o projeto da congregação da forma mais objetiva possível, a fim de poderem verificar se deveras está em sintonia com seus anseios.

- Se alguém passou muito tempo em determinada congregação, com toda probabilidade, terá assimilado seu modo peculiar de proceder. Caso seja aceito, seja alertado a evitar comparações com a congregação anterior. A fixação no passado revela-se danosa para a assimilação da nova proposta congregacional. Caso o candidato seja incapaz de se libertar dos esquemas introjetados e insistir nas comparações ou no saudosismo, pense-se seriamente na possibilidade de despedi-lo, por estar dividido em seu íntimo.

- De modo algum sejam aceitos egressos sem acurada pesquisa sobre sua caminhada formativa anterior. Descurar esse procedimento seria uma temeridade. Aliás, a caracterização do indivíduo como indeciso, parasita ou sincero dependerá dessa verificação. Equivocar-se nesse tópico poderá ser fonte de não poucos dissabores.

- Quem for solicitado a dar informações sobre egressos de sua congregação, seja o mais objetivo e comedido possível, evitando contaminar o parecer com elementos oriundos de ressentimentos e experiências negativas na relação com eles. Evidentemente, serão passadas apenas informações obtidas no foro externo. Quem as recebe, tenha o bom senso de ponderá-las e verificar sua pertinência. As informações recebidas são indicativas, por isso não podem ser absolutizadas, dispensando-se do trabalho de checá-las. Cabe à nova equipe de formação formular o próprio parecer, com base nas evidências obtidas na convivência com o candidato egresso, corroboradas com as informações oferecidas pelos antigos formadores.

- Uma pergunta deverá ser colocada com toda a honestidade: por que o candidato saiu da outra congregação? Segue-se outra questão: por que está procurando a nossa congregação? Em todo caso, a preocupação última consistirá em ajudar o candidato realmente chamado para a VRC a encontrar o caminho que Deus tem para ele. Nada de querer trazê-lo a todo custo para a "nossa" congregação, até mesmo passando por cima de medidas prudenciais; nada de sobrecarregá-lo de suspeitas e de dúvidas; tampouco pretender tomar a decisão de admiti-lo, antes de ter esclarecido todas as dúvidas a seu respeito, tintim por tintim. Se não restarem suspeitas de peso, o candidato poderá ser recebido, com a condição de ser acompanhado até o ponto de se esclarecer alguma interrogação sobre questões secundárias, caso existam.

- Do candidato egresso pedir-se-á docilidade em relação à nova proposta. Esse será um ponto que merecerá muita atenção da equipe de formação, a quem caberá fazer avaliações periódicas, para verificar a real assimilação do modo de proceder da nova congregação. Sinal disso será a capacidade de se entrosar com o grupo de companheiros de formação e dar mostras de sentir-se bem no novo contexto. Existem egressos que se comportam como peixe fora d'água ao mudar de congregação. Podem até perseverar, no entanto, sentem-se como se fossem um corpo estranho e desencontrado, fora de lugar. Esse poderá ser um claro indício de estar, novamente, na congregação errada.

- Um verdadeiro "canto de sereia" a ludibriar incautos formadores são as pretensas qualidades superiores de determinado egresso. Isso vale também para a avaliação dos demais formandos. O indivíduo traz um excelente currículo de formação profissional, habilidades e dons. Então, a equipe de formação fica deslumbrada e se esquece de ser objetiva na seleção. E aceita-o! O passar do tempo poderá revelar que a decisão foi precipitada. Currículo excepcional não pode ser considerado, por si só, sinal de vocação. Será um elemento importante, apesar de não decisivo. Outras virtudes deverão ter mais peso!

- Grande imprudência consiste em querer resolver o problema de falta de vocações recorrendo a egressos de outras congregações sem a devida cautela. Congregações, com grande número de formandos dessa origem, correm o risco de se tornar autênticos vespeiros, com um corpo de religiosos que não se entendem, estão em contínuos litígios, pessoas desequilibradas e pouco confiáveis. O bom senso recomenda ser melhor contentar-se com um corpo apostólico congregacional pequeno, mas coeso e efetivo, do que abrir as portas para indivíduos problemáticos e bizarros, incapazes de assimilar o carisma da congregação e transformá-lo em mistagogia.

8. Acompanhamento das junioristas

A saída de junioristas das congregações femininas, do mesmo modo das masculinas, configura-se como verdadeira sangria da VRC. Esse fenômeno deve ser levado a sério e refletido, para o futuro do nosso carisma. Uma questão se levanta: o que se pode fazer para enfrentar o alarmante problema da debandada de junioristas? Uma resposta imediata vem à mente, exigindo ser aprofundada: faz-se necessária uma profunda conversão das comunidades religiosas no sentido de viverem um projeto de vida comunitária minimamente aderente ao Evangelho, e cada religioso deve se convencer da obrigação de formar e cuidar dos novos membros da congregação.

As congregações femininas serão tomadas, aqui, como referência. Todavia, as reflexões são válidas para as congregações masculinas, de modo especial, as constituídas exclusivamente de irmãos. As congregações conseguem organizar um esquema de formação com espaços, programas e formadores bem definidos até a etapa do noviciado. Os dramas começam quando as neoprofessas devem ser enviadas para as comunidades de missão, onde a formação será levada adiante até o momento dos votos perpétuos.

As superioras e as equipes de formação veem-se, então, num beco sem saída. A baixa qualidade espiritual de muitas comunidades não as recomenda. Na falta de opção, as junioristas são enviadas para uma comunidade qualquer, sem que haja esperança de encontrarem aí o ambiente adequado para amadurecer a vocação. Começa, então, a contagem regressiva para o momento de deixarem a congregação, com a qual se comprometeram recentemente com os votos temporários.

Interpretações apressadas acusam as junioristas de mundanidade, falta de fé, carências de fibra para enfrentar os contratempos, ou partem para o ataque à juventude de hoje, na qual só se veem defeitos. Outras mais ingênuas iludem-se com comparações: "No meu tempo, nós praticávamos a ascese e a mortificação, coisas que estas jovens não valorizam; por isso, são tão frágeis!". Poucas vezes se ouvem vozes a colocar em xeque a comunidade, a congregação ou a equipe de formação. Tudo recai sobre as junioristas e sua vulnerabilidade humana e espiritual.

Algumas ideias podem servir de ponto de partida para se refletir sobre esse tópico:

- Jamais uma recém-professa seja enviada para uma comunidade onde, de antemão, se saiba que será submetida a pressões superiores à sua capacidade de suportar.
- Antes de enviar a juniorista, compete à superiora maior conscientizar a comunidade de missão destinatária do seu papel em relação à formanda. No caso de haver resistência, será melhor não enviá-la para lá. Se houver acolhida, os membros da comunidade sejam advertidos do dever de ajudá-la a seguir adiante e crescer no caminho iniciado nas etapas anteriores, em vista dos votos perpétuos.
- A superiora da comunidade terá uma responsabilidade particular em relação à juniorista, em contato com a equipe de formação que lhe passará as

informações a seu respeito, na eventualidade de ainda não ser conhecida. Duas atitudes devem ser evitadas: infantilizar a professa, ainda formanda, exigindo-lhe um desempenho aquém de suas capacidades; considerá-la tão adulta, a ponto de não perceber seus limites. Um tratamento sensato supõe levar em consideração seu verdadeiro potencial, nem para mais nem para menos. Tal será o patamar para futuros passos.

- A comunidade deve ser advertida quanto à importância de ser aberta e receptiva para reconhecer a riqueza de valores e iniciativas que a nova companheira de missão traz consigo e se dispõe a partilhar com as novas coirmãs. Se for preciso adverti-la por algum deslize, seja feito com paciência, maturidade e caridade. Evite-se apelar para a superiora maior ou para a equipe de formação por qualquer motivo. Muito menos, se fale mal da juniorista pelas costas, tampouco, sirva-se das redes sociais para macular sua boa fama.

- A equipe de formação, por meio de um dos membros, se mantenha em contato com as junioristas, para acompanhar-lhes o processo formativo, sendo uma instância de avaliação continuada. Com isso, não se diminuem as incumbências das superioras das comunidades de missão onde estão as novatas de profissão.

- Se uma juniorista não encontra o espaço formativo adequado, sem delongas ou contemporizações, sejam tomadas as providências para transferi-la de comunidade. Cuide-se para que as providências não cheguem tarde demais! Cabe à equipe de formação, juntamente com a superiora da comunidade de missão, ponderar se o problema está na juniorista, que o atribui à comunidade.

- Por melhor que seja a comunidade de missão e o acompanhamento recebido, a juniorista poderá entrar em crise vocacional. Nesse caso, deve-se seguir o procedimento normal de discernimento em situações do gênero.

- Espera-se das junioristas profunda consciência do caminho trilhado como experiência mistagógica e responsabilidade pessoal no processo formativo. As estruturas e o acompanhamento são importantes; entretanto, nada substitui o decidido empenho de cada uma em crescer, cada dia, no caminho para Deus e para o próximo, de quem se fez servidora.

Todas as comunidades religiosas, sem exclusão, devem estar em condições de acolher as junioristas e colaborar para seu crescimento pessoal e inserção no corpo apostólico congregacional. Quando uma congregação tem dificuldade de encontrar comunidades para onde enviar suas junioristas, às vezes, não existindo uma sequer, convém fazer um sério exame de consciência. Na certa, seus membros perderam o rumo da caminhada. Com transparência, deveriam colocar-se a questão: agimos com honestidade quando propomos nosso carisma, se não temos infraestrutura de humanidade e substrato espiritual para acolher as novas vocações e para ajudá-las a crescer no caminho para Deus?

9. Aspirantado e postulantado: duas etapas fundamentais

As etapas do aspirantado e do postulantado não têm sido devidamente valorizadas, ao serem confundidas com tempo de estudos acadêmicos, especialmente, nas congregações masculinas, ou misturadas com atividades sem o foco preciso para aquele exato momento formativo. E, às vezes, são confiadas a formadores inexperientes. Todavia, são tempos de grande relevância para quem pensa em optar pela VRC, numa congregação concreta, e se prepara para iniciar uma longa caminhada, cujo marco zero será o noviciado.

São muitas as consequências dos equívocos na condução do aspirantado e do postulantado. A mais grave diz respeito ao tempo de noviciado gasto com questões que deveriam ser enfrentadas nas etapas preparatórias, de modo particular, as referentes à afetividade e à sexualidade, às lacunas nas dimensões humana e espiritual, aos problemas de ordem familiar entre outros. Ou, então, quando se chega ao noviciado carecendo de uma ideia objetiva da VRC e suas exigências, do carisma e missão da congregação e um conhecimento consistente de si e das questões pessoais a serem trabalhadas.

Para se conscientizar da importância de valorizar o aspirantado e o postulantado e confiá-los a formadores tarimbados, considere-se o seguinte:

- Nessas etapas, os candidatos ao noviciado devem ser conhecidos com certa profundidade e avaliada sua aptidão para viver o carisma da VRC, com suas implicações, segundo o projeto da congregação que os aceitou para fazer um discernimento vocacional específico.

- Especialmente, sejam conhecidos os traumas, os bloqueios e as marcas que carregam, bem como as reais possibilidades de superá-los num tempo razoável.

- Sejam escolhidos os melhores meios para ajudá--los, caso haja esperança de se desbloquearem e integrarem os elementos desagregados de sua personalidade.

- Obtenham informações objetivas sobre a VRC e a congregação que se dispõe a acolhê-los, com suas especificidades, enquanto caminho para Deus. Afinal, o tempo de noviciado será dedicado à preparação de tal opção: ingressar ou não nessa congregação, comprometendo-se com ela por meio dos votos temporários e, posteriormente, os votos perpétuos. Desaconselha-se admitir ao noviciado quem ainda não tenha uma ideia clara a esse respeito. Haveria de ser um tempo perdido ou, como acontece na maioria das vezes, tempo aplicado na solução de problemas que já deveriam ter sido resolvidos.

- Aproveitem-se o aspirantado e o postulantado para sanar as lacunas na formação humana e cristã. A dimensão acadêmica e cultural pode ser contemplada. Cada candidato tem necessidades particulares e carecerá de ajuda personalizada.

- Os pareceres dos formadores de ambas as etapas deverão ter muito peso no momento de julgar as solicitações para ingressar no noviciado. Importa frisar esse dado, pois existem superiores que, em face dos pedidos de ingresso no noviciado, menosprezam o parecer dos formadores do pré-noviciado, dando ouvidos a informações enviesadas. A isenção de ânimo e a maturidade espiritual dos formadores no aspirantado e no postulantado devem ser garantidas, para se evitarem pareceres viciados que podem induzir a falsas decisões de admissão ou não ao noviciado.

Os superiores maiores e as equipes de formação devem refletir bem antes de escolher os formadores do aspirantado e do postulantado. Seria imprudente confiar tais etapas a religiosos inexperientes, com o argumento de que são poucos os candidatos à congregação e não se pode desperdiçar um formador de peso com possíveis vocacionados ainda em fase de discernimento vocacional. No noviciado, sim, se começará deveras a formação. E justificativas afins. A deficiente formação no aspirantado e no postulantado se refletirá na qualidade dos noviços.

***

A experiência acumulada possibilita aos formadores enfrentar as situações intempestivas ou recorrentes, cujas soluções exigem ponderação e discernimento. O diálogo com formadores traquejados e o trabalho em equipe são sumamente aconselháveis. Importa, sobretudo, contornar a armadilha das ações precipitadas ou incorretamente conduzidas. O bom senso, iluminado pela graça, torna-se imprescindível! Que os formadores nunca pensem ter uma solução à mão para os problemas dos formandos, independentemente das pessoas neles implicadas. Tudo quanto toca os seres humanos e seu destino reveste-se de sacralidade e, com reverência, será tratado. O respeito pelos formandos exige dos formadores finura humana e espiritual na condução de seus problemas. Como não têm o dom da infalibilidade, todo cuidado será pouco. Como cantava o poeta: "... porque gado a gente mata, tange, ferra, engorda e marca, mas com gente é diferente".

X INTERNALIZAÇÃO DE UM MODO DE PROCEDER MISTAGÓGICO

A formação na VRC tem a finalidade de ajudar os formandos a se apropriarem de um modo peculiar de proceder, com a feição própria da congregação que os acolheu. Esse estilo de vida plasma a individualidade dos religiosos, na medida em que toca suas estruturas internas e permite-os confrontar-se com o mundo e compreendê-lo com o olhar evangélico encarnado no carisma e na espiritualidade congregacionais. Não se identifica com certas práticas de vida comunitária ou de piedade, com determinados trabalhos pastorais, tampouco tem a ver com o uso do hábito religioso. Refere-se, sim, a um jeito de pensar e de agir, de posicionar-se em face do cenário socioeclesial e de se pautar pelo *ethos* cristão em novos contextos culturais, em que a identidade dos religiosos se constrói.

- Os religiosos são chamados a se destacar pelo testemunho profético de compromisso com o Reino e de serviço aos mais pobres, num tempo em que se exalta a beleza física, a riqueza e o bem-estar. Sua vocação vai na direção da misericórdia e da justiça, contrapondo-se à mentalidade imperante de egoísmo narcisista, de apartação social e de injustiça, com a penalização de largas faixas da sociedade. Em tempos de despersonalização e de pasteurização das identidades, a imagem pública dos religiosos deverá apontar para a misericordiosa opção preferencial pelos pobres.

No passado, as religiosas eram conhecidas com o nome genérico de "irmãs de caridade". Esse modo de falar implicava a certeza de serem servidoras dos necessitados. A confirmação acontecia ao vê-las solícitas e abnegadas nos hospitais, nos colégios, nas obras sociais e em tantos outros campos de missão. Os diferentes hábitos religiosos permitiam identificá-las e, por conseguinte, observar seu comportamento. A grande maioria das religiosas e dos religiosos veste-se hoje como os cidadãos comuns, bem de acordo com a exigência evangélica da encarnação. A inserção, como sal da terra e luz do mundo, exige deles um imenso esforço para não perderem o foco de servidores da caridade, como está na consciência e na expectativa do povo.

A presença qualificada dos religiosos na sociedade depende da incorporação do carisma próprio da VRC e o da respectiva congregação. Quanto mais profunda for, tanto mais serão servidores do Reino em resposta aos apelos dos irmãos carentes e sofredores.

- O modo de proceder da VRC explicita o modo humano de ser em sua vertente cristã, acrescentando-lhe a comunhão de vida, de bens e de missão. De fato, os religiosos põem em comum tudo quanto têm e são, ponto de partida para se realizarem como seres humanos e como cristãos.

A dificuldade de assimilar tal estilo de vida poderá provir das deficiências humanas e cristãs. Religiosos precariamente humanos e deficitariamente cristãos jamais encarnarão o carisma da VRC. Não se pode esperar deles vivência comunitária de qualidade, partilha dos bens com total renúncia à posse e ao acúmulo, exercício da missão com sentido de corpo apostólico, sem lugar para estrelismo e exibicionismo, disponibilidade para ir aos mais necessitados, mesmo em missões *ad gentes*. Quanto mais equilibrados e integrados, psíquica e afetivamente, tanto mais os religiosos assimilarão o carisma congregacional de VRC. Pelo contrário, quanto mais desintegrados, tanto menor será a chance de internalizá-lo.

- A internalização do carisma da VRC exige que os religiosos remem na contramão da cultura no que tem de maligna e avessa ao Evangelho. Duas atitudes deverão ser evitadas: a *fuga mundi* como repulsa aos elementos desumanizadores da cultura e a aceitação acrítica, sem discernimento, de tudo quanto a cultura contemporânea oferece. O religioso se abre para a cultura de maneira discernida e profética. E se insere evangelicamente, sem se deixar cooptar pela mundanidade antagônica ao Reino de Deus. Portanto, inculturação contracultural.
- A internalização do ideal da VRC depende de os religiosos se deixarem encantar por ele e acreditarem que pode realizar os anseios mais profundos de seus corações focados na oblatividade e na entrega de si em benefício do outro, numa dinâmica de caminhada

para Deus (mistagogia). Essa postura permite que os grandes eixos da espiritualidade evangélica, expressos na mística congregacional, moldem-lhes o pensar e o agir. O fascínio por esse ideal evangélico abre espaço para sua apropriação! Na sua falta, os religiosos estarão fadados a valorizar aspectos periféricos da VRC e a virar as costas para os substanciais.

O encantamento não camufla as infidelidades e os contratestemunhos dos religiosos. No entanto, motiva quem é fiel a não se deter neles, como se fossem a última palavra em suas vidas. Antes o leva a valorizar mais os aspectos positivos e a perceber os elementos escondidos de fidelidade heroica, imperceptíveis ao olhar dos decepcionados.

- A internalização do carisma da VRC acontece como mistério de graça e de liberdade. O Espírito Santo move os religiosos nessa direção. Porém, tudo está na dependência da liberdade do ser humano, a quem cabe acolher o dom divino e se deixar transformar por ele. A pertença a uma congregação e a profissão dos votos, apesar de serem passos fundamentais, por si sós são insuficientes para garantir a ação da graça no coração dos religiosos. Um religioso veterano poderá ser tremendamente carente de Espírito, enquanto um jovem professo, com seu testemunho de vida, dará mostras de profunda espiritualidade.

Essa dinâmica não acontece por osmose. Não basta conviver com religiosos virtuosos para alguém ser virtuoso. Se fosse assim, a internalização se reduziria a uma experiência psicológica, sociológica ou puramente cultural. Trata-se, sim, de uma experiência espiritual, mistagógica, processada no diálogo entre a liberdade humana e a graça divina.

Essa inteligência espiritual leva o religioso a valorizar todas as estruturas da VRC como mediação da graça. Nada será casual, tampouco a graça agirá à margem da sua liberdade. Por conseguinte, a apropriação do modo de proceder da VRC pressupõe a capacidade de fazer uma leitura teológico-espiritual desse carisma, em suas múltiplas dimensões.

No tocante à formação, o formador seja valorizado como mediação da graça, com a tarefa de potenciar a liberdade dos formandos, de modo a se deixarem conduzir sempre mais pelo Espírito de Deus. Os instrumentos dos quais Deus se serve para realizar sua obra no coração dos religiosos são muitos, dentre eles, os formadores. Conscientizar--se dessa realidade é dever dos formadores. Quando isso acontece, o trato com os formandos reveste-se de grandeza espiritual, pois propiciará a contemplação da ação da graça no coração deles e aprofundará a compreensão de estarem a serviço da graça. Nesse patamar, jamais tratarão os formandos com desdém ou como se fossem inimigos. Muito menos farão algo com o intuito de prejudicá-los. E, sim, darão o melhor de si, com humildade e discrição, para que se abram com profundidade crescente à ação da graça.

- A internalização do modo de proceder da VRC acontece no decorrer de uma caminhada. Desconsiderar seu caráter processual pode ser danoso para a formação. Não tem cabimento exigir de um noviço comportar-se como se fora um professo. Mas será estranho ver um professo comportar-se com o grau de maturidade de um aspirante. Cabe aos formadores apresentar aos formandos as metas a serem alcançadas na sucessão das etapas de formação, de modo a permitir-lhes caminhar com consciência dos passos já dados e a serem dados.

O projeto de formação congregacional deve possibilitar aos formandos, desde o aspirantado, ter uma clareza do ponto ao qual se pretende chegar, oferecendo-lhes em grandes linhas o percurso da caminhada. Esse balizamento prévio permitir-lhes-á seguirem adiante com mais segurança.

Quando o projeto se torna letra morta, por ter sido engavetado, corre-se o risco de a formação depender do humor dos formadores. Quando aplicado com rigidez, não cumpre seu papel de ajudar cada formando na sua particularidade. Quando executado com sabedoria e discernimento, sim, cumprirá a função de indicador de uma caminhada.

Existem formandos que passam de uma etapa a outra sem tê-las assimilado, fato comum na VRC. Resulta daí religiosos sem garra e apáticos, gente acomodada e parasitária, pessoas indisponíveis para missões exigentes, indivíduos medíocres, sem disposição para lutar por grandes ideais. Enfim, religiosos inaptos para motivar outros a abraçarem a VRC como projeto de vida. Daí a importância de barrar a entrada na VRC de pessoas indiferentes aos apelos do Espírito para coisas maiores, em quem o carisma congregacional dificilmente se encarnará. Em outras palavras, pessoas

A FORMAÇÃO NA VIDA RELIGIOSA CONSAGRADA

sem disposição para se deixarem encantar pelo espírito da VRC e internalizar seus valores.

- A internalização do modo de proceder da VRC, por parte dos formandos, exige dos formadores o acompanhamento dos processos individuais. A mudança contínua de formador inviabiliza esse expediente formativo. Deverá haver algum formador que conheça os momentos altos e baixos da caminhada de cada formando, os passos dados e consolidados, os retrocessos e fracassos e os momentos de conversão e de retomada. Ele poderá, assim, ajudar os formandos a caminharem com mais segurança, cumprindo a missão de mistagogo e interlocutor privilegiado no discernimento.

Nunca será demasiado valorizar as mediações colocadas pelas congregações à disposição dos formandos: acompanhamento espiritual, vida de oração, Eucaristia, retiro anual, correção fraterna, *lectio divina*, vida comunitária, ação evangelizadora, equipe de formação, testemunho dos religiosos veteranos, acompanhamento psicoterápico e outras, capazes de motivá-los a internalizar o carisma da congregação. O formador, preocupado com a formação personalizada, saberá o que mais convém para cada formando, visto que cada um, com sua singularidade, aproveita-se distintamente do que a congregação oferece. Algo muito útil para um pode não o ser para outro. Aqui e acolá, surgem novas mediações, cuja pertinência deve ser avaliada pelas equipes de formação. Um engano recorrente consiste em lançar mão delas, dispensando um ponderado discernimento, por modismo ou mimetismo. Provavelmente, o processo de apropriar-se dos valores da VRC ficará comprometido.

- Os testemunhos de internalização do carisma da VRC por parte de religiosos veteranos têm uma grande força de inspiração para o indivíduo que dá os primeiros passos na formação. Revisitar a biografia de religiosos vivos e falecidos, cujas vidas foram marcadas pela entrega generosa ao serviço do próximo e cujas presenças enriqueceram a vida das comunidades, abre-lhe perspectivas e aponta-lhe caminhos. Permite-lhe perceber que o carisma da VRC, longe de ser uma utopia ou ideal inalcançável, pode ser abraçado com consciência e largueza de coração. E confronta-o com a variedade de caminhos percorridos por cada religioso, todos conduzindo a um mesmo fim, a comunhão com o Pai e com o próximo, por sua força mistagógica. Injeta-lhe ânimo para continuar, apesar da enormidade dos desafios.

Uma coisa urge ser evitada: apresentar os testemunhos como exemplos a serem mecanicamente imitados. No passado, houve formadores que incorreram nesse equívoco, com prejuízo para a caminhada pessoal dos formandos. Os testemunhos de religiosos do passado e do presente servirão como estímulo e incentivo a seguir adiante, jamais como modelos a serem copiados. O caminho percorrido por cada religioso tem sua originalidade, embora existam elementos em comum com o percurso de outros. Aí reside a riqueza espiritual desse projeto de vida, no qual cada um, conduzido pela graça, vai construindo o próprio caminho para Deus.

- O processo de internalização do modo de proceder da VRC tem seus obstáculos. Existem causas internas, cujas raízes estão no próprio religioso, sobretudo as de fundo psicológico. Devem ser trabalhadas, para permiti-lhe dar passos consistentes em sua vocação. No entanto, são muitas as motivações externas, dentre as quais as piores são as incoerências e os contratestemunhos dos religiosos, formadores e formandos, jovens e veteranos, quando não dos superiores. O individualismo, a acomodação, a falta de ardor missionário, o desinteresse pela causa dos pobres, a desatenção no tocante à pobreza e ao voto de castidade, o aburguesamento, o desleixo na vida espiritual e as tensões na vida comunitária exercem um papel negativo na internalização do carisma congregacional.

A via da antítese poderá ser uma opção: aprender com o outro o que não se deve fazer. Um companheiro esbanjador ou relaxado na vida espiritual pode incentivar outro a caminhar no sentido inverso, na linha da simplicidade de vida e da seriedade na vida espiritual. Porém, um jovem formando terá dificuldade de caminhar por um largo período pela via do contraste, se não encontrar na congregação testemunhos convincentes de vivência do carisma. Com certeza, buscará outro caminho para viver honestamente o compromisso batismal!

- A dinâmica de internalização do carisma da VRC não conhece limites, por ser aberta para a generosidade e a radicalidade. A busca do "mais" rompe a acomodação de uma vida medíocre pela entrega à ação do Espírito Santo, que possibilita reconhecer e superar os entraves internos, bem como os externos, até mesmo os da congregação e suas estruturas. No horizonte está a comunhão com a Trindade, com seu potencial mistagógico de humanização, sem medo do novo, do inesperado e da criatividade. Uma das faces mais bonitas da VRC revela-se na existência de tantos homens e mulheres, jovens e veteranos, em tantos carismas congregacionais, em busca de serem "mais" na comunhão com Deus e no serviço ao próximo.

***

O espírito da VRC possibilita aos religiosos desenvolver seu potencial de humanidade e viver o ideal da vida cristã com radicalidade, com as mediações que têm à disposição. Muitos não ultrapassam o nível da superficialidade, mesmo sendo incentivados a crescer e a dar passos. Porém, cada religioso vê-se desafiado a interiorizar o carisma da consagração, segundo a peculiaridade de sua congregação. A consistente transfiguração pessoal se percebe no estilo de vida marcado pela oblatividade que o impele na direção de Deus e do próximo, numa comunhão sempre mais radical.

XI COLHENDO OS FRUTOS DA FORMAÇÃO MISTAGÓGICA

O trabalho na formação exige boa dose de otimismo e bom humor dos formadores, para não se aborrecerem com as situações irritantes e as inevitáveis frustrações. Não basta a boa vontade, por serem muitos os elementos imponderáveis e as conjunturas complexas de difícil controle. Importa ter firmeza de ânimo em face dos fracassos e transformá-los em motivo de revisão e de discernimento. Enquanto serviço ao Reino, ser formador requer humildade, resiliência e, sobretudo, muita esperança.

- Os frutos da formação independem do empenho dos formadores, simples colaboradores na obra de Deus no coração dos formandos, por resultarem da abertura livre e responsável de cada um à ação do Espírito Santo. Os formadores são mediações da graça divina e como tais devem se reconhecer. Em primeiro lugar, estão comprometidos com Deus, de quem são servidores numa tarefa específica. Daí não dependerem de reconhecimento e agradecimento, dos formandos ou da congregação. Só Deus será louvado pelos bons frutos do seu trabalho de formador!

Só deverão sentir-se frustrados se tiverem sido omissos e relapsos em suas tarefas, não se esforçando para estarem à altura das necessidades dos formandos. Sendo assim, em momento algum, terão motivo para frustração nem para se culpabilizarem por resultados indesejados.

- O bom êxito do trabalho na formação se percebe a longo prazo, quando os ex-formandos revelam um consistente progresso na linha da oblatividade, do enraizamento em Jesus Cristo e sua proposta de Reino e da vivência criativa e alegre do carisma congregacional. Quando dão testemunho de solidariedade com os pobres, entregam-se à missão com dedicação e criatividade, enfrentam as adversidades sem se abater, demonstram ter um coração desejoso de abraçar o mundo, colocam-se inteiramente a serviço da vida, posicionam-se com espírito profético defronte das mentalidades antievangélicas, enfim, são pessoas de discernimento. Tudo isso como vivência do carisma congregacional, nos campos de missão para onde foram enviados, colaborando com os irmãos da congregação e com tantas outras pessoas de boa vontade.

O sucesso do trabalho será procurado para além da simples permanência dos ex-formandos na congregação. A verdadeira frustração de um formador acontece ao se deparar com os acomodados, aburguesados, desanimados e contaminados com o vírus do criticismo infundado. Perseveraram na congregação, porém como presença puramente numérica, por não se poder contar com eles para missões de fôlego. Existem superiores maiores desesperados com uma quantidade de religiosos com os quais não sabem o que fazer. Enquanto necessitam urgentemente de pessoas para assumir, com urgência, muitas frentes de ação evangelizadora, têm diante de si uma leva de coirmãos limitados e complicados, imprestáveis para qualquer missão séria. Tais religiosos são imagens vivas de um processo formativo frustrado, que produziu religiosos inúteis para a missão e para a vida comunitária.

Um formador terá motivos de contentamento ao se deparar com ex-formandos, egressos da congregação, que assumem seu compromisso batismal no serviço aos mais pobres, no engajamento político-partidário com ética, na competência profissional ou na dedicação a tarefas pastorais, além dos compromissos familiares. E os reconhecerá vivendo os valores aprendidos e assimilados no tempo de formação como religioso.

A perseverança de um formando na VRC, por si só, poderá ser um falso indicador de bom resultado da formação. Será preciso avaliar a profundidade e a solidez dos valores da VRC em sua trajetória.

- Os frutos da formação são colhidos quando se tem religiosos que vivem a VRC como caminho de realização pessoal e de felicidade, num mundo marcado por contradições e desumanidades. Não que vivam alienados, pouco se importando com os sofrimentos alheios. E sim porque são solidários e a solidariedade converte-se em via de realização pessoal, contradizendo o egoísmo individualista e narcisista de um mundo mesquinho, feito de ideais pequenos e de sofreguidão no desfrute dos prazeres.

- Outro fruto colhido pelos formadores ao longo da missão tem a ver com a graça de contemplar a ação do Espírito Santo no coração e na vida dos formandos. Cada qual, chegando com a própria história, sonhos e apreensões, começa a construir um caminho peculiar de humanização e, paulatinamente, internaliza os valores de um projeto de vida, de maneira original. Não existem duas histórias ou duas caminhadas idênticas. Os formadores atentos têm a chance de acompanhar o direcionamento da liberdade dos formandos, com seus desafios e entraves, erros e acertos, processo de conversão e busca de fidelidade, com um desfecho positivo de crescimento em humanidade.

Colhem esse fruto os formadores que assumem uma atitude de respeito no trato com os formandos, atentos às ingerências indevidas, antes agindo com discernimento, livres de qualquer sentimento mesquinho.

- Fruto do trabalho formativo será, de igual modo, a alegria de ver a congregação expandir-se em número e qualidade, as comunidades integradas e felizes, o avivamento do fervor missionário do corpo apostólico que assume missões de fronteira para as quais se requer coragem e dedicação, o testemunho dos irmãos revelando a veia profética de sua vocação na contramão das tendências mundanas e desumanizadoras. Em tudo isso, os formadores reconhecem um pouquinho de seu trabalho e dedicação. E têm motivos para louvar a Deus!

- Um fruto apreciável colhido pelos formadores consiste na graça de amadurecer, em todas as dimensões, ao se pôr a serviço dos formandos. Quem forma, forma-se! Quem dá, recebe! Quem ensina, aprende! Quem ajuda a crescer, cresce! Quiçá sejam os formadores os religiosos com mais chance de crescimento humano, espiritual, apostólico e eclesial. A missão coloca-os numa posição, de certo modo, privilegiada de contatos e de experiências, tendo sempre o "mais" como horizonte. Exige-lhes limar as arestas da personalidade, superar a tendência ao individualismo e aprender a trabalhar em equipe, exercitar-se nas várias formas de discernimento, estar sempre atualizados em múltiplas áreas do conhecimento, enfim, dá-lhes acesso a muitos recursos para o desabrochar pessoal.

Pode acontecer de um formador formar sem, com isso, formar-se, ensinar não tendo ele mesmo, em primeiro lugar, internalizado os ensinamentos e apontar caminhos não se dispondo a trilhá-los. Religiosos desse quilate serão simulacros e caricaturas de formadores, indignos do nome e da função, por sua ação danosa para os formandos. O verdadeiro formador vê o processo formativo frutificar em seu coração, antes mesmo de constatar os frutos no coração dos formandos.

***

O fruto mais desejável a ser colhido pelos formadores diz respeito à consciência de terem sido fiéis colaboradores de Deus na ação de formar para a oblatividade os novos religiosos. A condição de servidores na obra divina leva-os a assumir a tarefa da formação com empenho especial e estimula-os a se tornarem instrumentos cada vez mais aptos nas mãos de Deus. Com os olhos fitos nele, seguem em frente, superando as adversidades, seguros de que a tarefa da formação, em última análise, lança-os numa aventura espiritual, em que tudo se torna motivo para o encontro com o Senhor.

Conclusão

O carisma da VRC apostólica conserva sua atualidade, no tocante à dimensão de serviço ao ser humano, de muitas maneiras carente de anunciadores do Reino de Deus, com palavras e obras de misericórdia. Em meio aos rostos interpelantes, destacam-se os empobrecidos e marginalizados, os que vivem nas periferias existenciais, verdadeiros aguilhões para quem escolheu seguir Jesus de Nazaré, aderindo a um projeto congregacional, em que a fé batismal toma corpo na vida comunitária e na missão.

A vasta extensão do mundo, mais do que nunca, tornou-se campo de missão para os vocacionados a uma vida de consagração nas inúmeras congregações, empenhadas em incontáveis frentes de ação evangelizadora, nas quais o Senhor continua a convocar para o trabalho na messe, contando com gestos concretos de solidariedade, de compaixão e de cuidado com os necessitados. Basta olhar ao redor, com a benevolência do coração de Deus ágape, para cair na conta do quanto os consagrados são necessários para fazer o amor divino chegar aos chagados pela injustiça, pela exploração e pelo não reconhecimento de sua dignidade. Escolher o caminho da VRC significa, com os irmãos de congregação, lançar-se na árdua tarefa de criar um mundo onde cada pessoa tenha a dignidade respeitada, na condição de "imagem e semelhança de Deus". Essa presença profética, como "sal da terra", "luz do mundo" e "fermento na massa", deve ser a marca do modo de ser e de proceder dos consagrados, onde quer que estejam.

Ao longo dos séculos, muitos religiosos embrenharam--se pelas veredas do serviço do Evangelho, com entusiasmo e generosidade invejáveis. Certamente, houve extravios e contratestemunhos. Importa, sobremaneira, valorizar os exemplos luminosos de heroísmo e de doação da própria vida, nos passos de Jesus de Nazaré, que servem de incentivo para tanta gente em busca de um projeto de vida transcendente, capaz de dar sentido às suas caminhadas.

Como no passado, Deus continua a convocar novas vocações para as múltiplas congregações existentes e as que surgirão para responder aos gritos dos irmãos. Cabe aos formadores a tarefa de mistagogos e de pedagogos que, com sabedoria e discernimento, insiram-nos nos corpos apostólicos congregacionais e os ajudem a tomar consciência do compromisso assumido, a crescer e solidificar a experiência original. E mais, a vivê-la na fidelidade generosa e na criatividade, tendo no horizonte os irmãos e as irmãs com suas carências.

O serviço da formação das novas gerações supõe uma pedagogia adequada que incremente a ação de Deus no coração de cada formando, onde se escreve uma história de amor construída na comunhão com os irmãos de congregação, com quem se vive a aventura de em tudo amar e servir. Tal pedagogia, marcada pelo humanismo evangélico, forja religiosos que, esquecidos de si, se lançam na busca do outro, tanto dos irmãos de congregação e de comunidade quanto dos muitos irmãos e irmãs a quem a obediência os envia. A formação prepara para vida em comunidade e a vida em missão, como os dois lados de uma moeda, pressuposto para o surgimento de comunidades formadas por missionários com espírito comunitário, movidos por uma fé inabalável e uma entrega de si, sem medidas. Esse ideal elevado permanece válido e conserva sua capacidade de encantar tantas pessoas que cultivam grandes ideais.

As novas vocações têm o direito de ser acolhidas por comunidades sadias, onde os irmãos vivam com alegria a condição de consagrados e sirvam de incentivo para os que chegam com o desejo de se lançar na missão de Jesus de Nazaré. A tarefa da formação na VRC, por conseguinte, não se restringe a quem recebe a missão específica de acompanhar as várias etapas da formação dos recém-chegados, antes engloba todos os religiosos. Estes veem-se às voltas com o desafio de colaborar com os novos irmãos no processo de inserção no corpo apostólico congregacional. Em outras palavras, todos são formadores e devem se conscientizar do que lhes compete fazer, com a pedagogia mais conveniente.

As reflexões aqui partilhadas terão atingido seu objetivo, se conseguirem motivar os formadores a buscar a pedagogia mais conveniente para ajudar os formandos; se motivarem os superiores maiores a atuar de forma correta como responsáveis últimos pela formação dos membros de suas congregações; se levarem quem já está na caminhada a tomar consciência da importância de conhecer a melhor maneira de se fazer presente junto a quem dá os primeiros passos na VRC. Sobretudo, se levarem os formadores a tomar consciência de sua condição de mistagogos na tarefa de ajudar os formandos em sua longa marcha para Deus.

Rua Dona Inácia Uchoa, 62
04110-020 – São Paulo – SP (Brasil)
Tel.: (11) 2125-3500
http://www.paulinas.com.br – editora@paulinas.com.br
Telemarketing e SAC: 0800-7010081